琉球の伝承文化を歩く 4

八重山・石垣島の伝説・昔話（二）

―登野城・大川・石垣・新川―

福田晃・山里純一・藤井佐美
石垣繁・石垣博孝
石垣博孝画

目次

凡例

一、本書の例話は、主に昭和五十年・五十一年八月、石垣市教育委員会の協力のもとに実施した立命館大学・大谷女子大学・沖縄国際大学の三大学昔話合同調査において聴取したものであり、一部、その後に藤井佐美が個人で聴き取ったものも含まれている。

一、本書の例話は、共通語（ヤマトグチ）で語られたものをできるだけそのままに記録したものである。ただし最末の例話は、八重山方言（シマクチ）で語られたものをそのまま共通語に対訳したものである。

一、本書の編集は、基本的には代表の福田晃が責任をもつものであるが、具体的には次のような分担のもとに進めている。

1　「石垣四箇の歴史と暮らし」執筆――山里純一
2　四箇の例話の翻字――藤井佐美（石垣繁・石垣博孝の助言、山里純一の整備）
3　八重山方言例話の翻字・対訳――石垣繁
4　例話の注・執筆――山里純一
5　「伝承の窓」の執筆――1・18・19・20・21・22・23・24（25）・29・30・31・32・33・34・35・36（37・38）・39・41・42・43・は福田晃、2・3・4・5・6・7・8・9・10・11・12・13・14・15・16・17・26・27・28・40は山里純一
6　写真・地図の整備――主に山里純一、一部は福田晃
7　挿画の執筆――石垣博孝
8　全体のまとめ――福田晃・山里純一

石垣四箇の歴史と暮らし

石垣島の風景

八重山諸島は、沖縄本島から南西に約四百キロ離れたところに位置し、主島の石垣島をはじめ、西表島、小浜島、黒島、竹富島、鳩間島、新城島（上地島）、与那国島、波照間島、嘉弥真島、由布島の十一の有人の島と、尖閣諸島を含め二十余の無人島からなっている。そのうち波照間島は、有人の島として日本最南端に位置し、与那国島は日本最西端の国境の島である。与那国島と台湾とはわずか百十一キロしか離れておらず、気象条件の良い日は台湾島が望見できる距離にある。西表島は沖縄本島についで二番目に大きい島で、天然記念物のイリオモテヤマネコが生息する原生林が残る。西表島に次いで三番目に大きい島が石垣島で、島の形は、東北端に突出した平久保半島を柄の先とする柄杓状をなしている。石垣島の北の端は平久保半島の平久保崎（北緯二四度三六分、東経一二四度一九分）、東の端は平久保半島の伊波崎（北緯二四度三五分、東経一二四度二〇分）、西の端は屋良部崎（北緯二四度二六分、東経一二四度四分）、南の端は字真栄里の海岸（北緯二四度二六分、東経一二四度一一分）で、島の面積は二二六・七九平方キロメートルである。

地勢は、島の中央部に沖縄県で最も高い於茂登岳（標高五二六メートル）が聳え、その北側に桴海於茂登岳、さらにその北東に野底岳が連なっている。於茂登岳の南方にはバンナ岳連山、前勢岳がある。また東南には水岳、カタフタ、そしてカラ岳といった小さな岳が点在する。

河川は、於茂登岳を水源地として、東南に沖縄県で一番長い宮良川（十二キロ）が宮良湾に注ぎ、河口から中流にかけてオヒルギ・メヒルギ・ヤエヤマヒルギなどマングローブ林が形成されている。また南西に流れる名蔵川は名蔵湾に注ぎ、その河口周辺はアンパル（網張）と呼ばれ、マングローブ林、湿地、干潟が広がっている。

湾は、宮良湾・名蔵湾の他、崎枝湾、地底湾・伊原間湾、そして石垣島随一の景勝地となっている川平湾がある。

気候は、亜熱帯海洋性気候に属し、石垣市の年間平均気温は二十三ないし二十四度と暖かく、最低気温は十度を割ることはめったにない。年平均湿度は七十七パーセントと多湿である。夏は南よりの風が多く、冬は北よりの強い季節風が吹く。六月から十月にかけて毎年数個の台風が襲来し農作物や家屋に被害を及ぼす。年間降雨量は石垣島の場合、二〇六一ミリであるが、梅雨期と台風期に集中しており、梅雨期に雨が少ないと干ばつや水不足に陥る。したがって台風は恵みの雨をもたらすこともある。

石垣島内には三十六の集落があるが、島のほぼ西半分に立地する十五の集落は石垣市に、東半分に立地する二十一の集落は大浜町にそれぞれ属していた。なお、石垣市では川平以北、大浜町では白保以北の集落の多くは、第二次世界大戦後の琉球政府による計画移民として、沖縄本島や宮古諸島から入植した人々によって開拓されたものである。一九六四年（昭和三十九）石垣市と大浜町は合併し、一島一市となった。さらに一九六五年以降、四箇《しか》の地先の海が埋め立てられ、その場所に美崎町、新栄町、浜崎町、八島《やしま》町ができた。

一九七六年（昭和五十一）現在の石垣島の世帯数は九八八九世帯、総人口は三七五五四八人であった（昭和五十二年版『統計いしがき』石垣市役所）。

四箇の集落

四箇とは、石垣島の南端よりやや西寄りに位置する登野城・大川・石垣・新川の四つの字（集落）を合わせた呼称である。なお登野城には飛び地として尖閣諸島も含まれるが、無人島であるためここでは対象とはしない。

四箇は海岸に向かう道路によって区画されていて、東から西へ登野城・大川・石垣・新川の順に並んでいる。四箇はまたそれぞれ縦の道路をもってハカまたはパカと呼ばれる区画がなされていて、例えば字大川の場合、「アーンヌパカ（東のパカ）」「ナカヌパカ（中のパカ）」「インヌパカ（西のパカ）」と呼んだように、それぞれ「○○ハカ」という名が付けられていた。ハカの創建者の家をトゥニムトゥと呼び、祭祀はトゥニムトゥを中心に行われた。

大川から新川までの護岸通り、それに並行して、市道・横二号線と横四号線と呼ばれる大道路が登野城から新川の四字を横断している。全体的にやや整然と、縦の道路と横の道路によって碁盤の目のように居住地が区画されている。

海岸から北方の内陸部に向けてなだらかな勾配をなす地形は、四号線の北側で標高が十メートルから十五メートルで最も高くなっている。市街地の北方は低地で、一九三七年（昭和十二）にフナーシードーと呼ばれる排水溝（現在の新川川）が建設され、そこに流れ込む水は新川の西方で海に注いでいる。

一九〇三年（明治三十六）当時の四箇の世帯数と人口をみてみると、登野城村は四四〇世帯二〇三三人、大川村は五〇二世帯二〇六五人、石垣村は四四六世帯一九九二人、新川村は三〇八世帯一三八七人で、そのうち本籍者は、登野城村が一七四八人、大川村が一五九八人、石垣村が一七〇三人、新川村が一三一五人で、そのうちの大半が当時の士族である。ところが昭和五十二年版『統計いしがき』によれば、一九七七年（昭和五十二）十一月現在の各字の世帯数と人口は、登野城が二九一四世帯一〇七五四人、大川が一二二〇世帯四一五三人、石垣が一一一五世帯三七三四人、新川が一五七七世帯六四八〇人である。但しこの数字は、沖縄県内外の各地から移住してきた人々を含んでいる。糸満漁民の移住者が登野城、石垣、新川の海岸近くに移住してきて小集落を形成する一方で、竹富町からの移住者も多い。

字ごとに見ていくと、四箇の中で最も東に位置する登野城は、現在、一町内から八町内まで、集落が八つの区画に分けられている。市道・横三号線を挟んで、北に二町内・五町内・八町内、南に一町内・三町内・四町内・六町内がある。なお、七《なな》町内は一九九〇年（平成二）に天川自治公民館として分離独立した。戦前は集落を取り囲むように抱護林（松林）が植えられていたという。登野城は四箇の中で面積、人口ともに第一位である。王府時代は蔵元の所在地であった。廃藩置県以後は、八重山島役所、石垣村役場、八重山高等女学校があり、現代でも裁判所、税務署、気象台、八重山高等学校、博物館など官公庁や公共施設が集中しており、八重山の政治、行政、文化の中心地となっている。

大川は、登野城の西に位置し、一町内から五町内に区分される。ミシャギパマ（美崎浜）と呼ばれた南海岸に、与那国へ航海する船の航海安全を祈願した与那国御嶽《ゆのんおん》があった。大きなアコウの木にカンムリワシが巣を作って卵を産み、雛を育て、正月の早朝、子鷲を従えて太陽が昇る東方へ飛び立ったと謡われる「鷲ユンタ」の発祥の地である。その一帯には、明治以前から日本本土や沖縄本島からやってきた商人が小屋を建て、商売をしていたというが、廃藩置県以後は急速に住宅が増え、公設市場ができるなど商業地区として発展した。

集落の北端近くに大石垣御嶽《うしゃぎおん》がある。そしてその北側には八重山農林高校、沖縄県立八重山病院が存在する。字域内にはいくつかの井戸があるが、中でもフーガナー（大川井戸）は歴史的に古く、「八重山島諸記帳」（一七二七年成立）の「井」の項目に「大川井、村内に有り」と見える。フーガナーという名称については、フガイン（黒毛の犬）が旱魃の時に林の中から尻尾を濡らして出て来るのを見て湧き水を発見したことから、フガイン（黒犬）のナー（井戸）が転じたものという伝承がある。そしてフーガームラ（大川村）の村名はこれに由来するという説もある。

石垣は、一町内から四町内に区分されるが、集落の中央にあたる二町内の横四号線の北側に、四箇村発祥の地と言われる宮鳥《めーとうりぃ》御嶽《おん》がある。その宮鳥御嶽の神行事に使う聖水を汲むソーソーマカー（井戸）が近くにあり、「ジラバガヌソーソーマーカージラバ」という古謡には、宮鳥御嶽の神が場所を指示し、昼間は人が、夜は神が手を貸して掘り抜き完成させたと謡われている。宮鳥御嶽の南方には一六一四年（慶長十九）に建立された桃林寺（臨済宗妙心寺派）と権現堂がある。

新川は四箇字では最も西に位置する。道路は碁盤目状になっていて、一町内から五町内に区分されている。新川の中心には真乙姥《まいつば》御嶽《おん》があり、四箇の豊年祭（村プーリィ）の祈願、祭祀はここで行われる。集落の西の端は横二号線と四号線が交差しY字路になっているが、そうしたY字路のことを石垣方言ではチィンマーセーと呼んでいる。さらにその西にもそうした場所があり、東に位置するものをを東《あーりぃ》チィンマーセー、西に位置するものを西《いーり》チィンマーセーと呼んでいる。西南海岸近くには新川で随一の長崎《なーさきぃ》御嶽《おん》があり、その西方

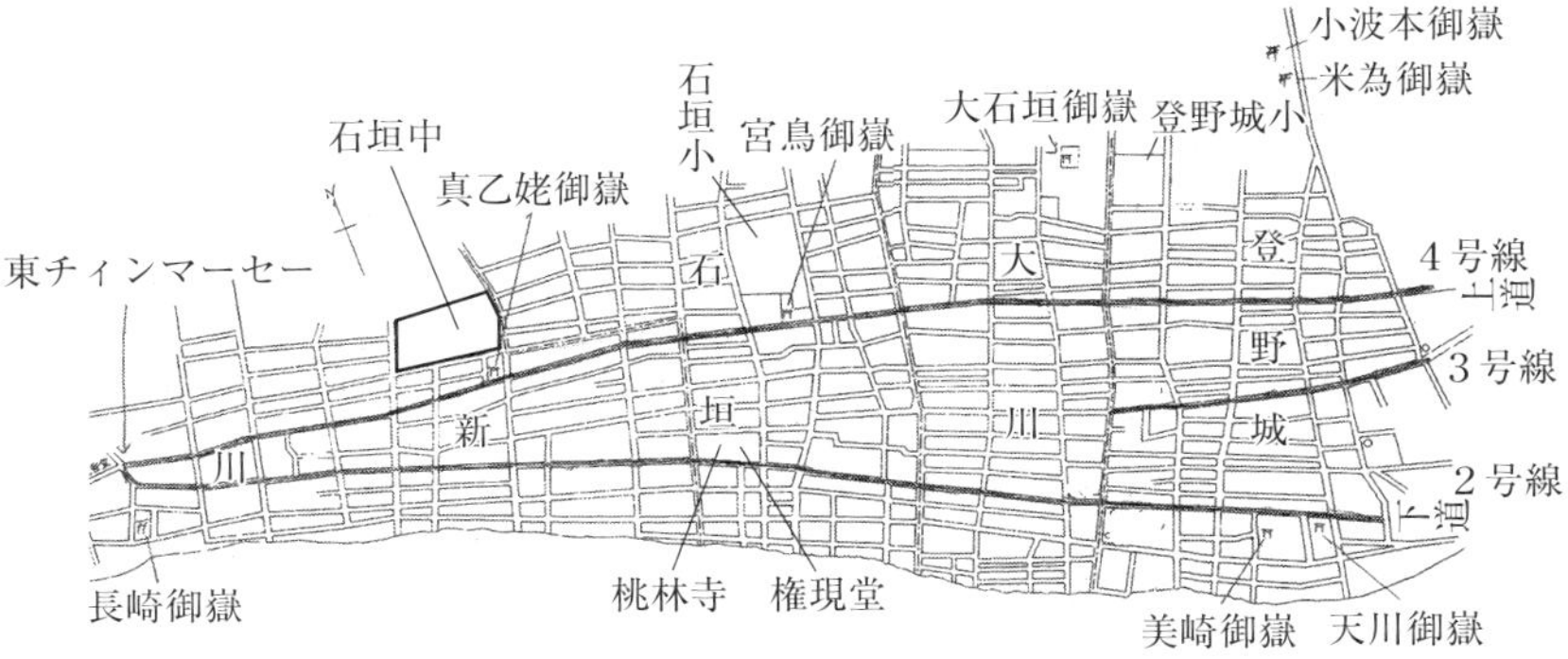

四箇の市街図

に、新川の村名の由来となったと言われるアラマリナー（新生井戸）がある。

四箇の歴史

奈良時代、九州島以南の島々は南島と称されていたが、当時の律令制国家は使人を南島に派遣し、そこの人々を平城京へ連れて行き、異民族による朝貢を演出した。七一四年の十二月に南島から来朝した南島人の中に「信覚人」がいたが、江戸時代の朱子学者として有名な新井白石は「信覚」を「石垣島」に比定している。

石垣島に四箇が成立するまでの歴史をたどってみよう。

石垣市字石垣にある宮鳥御嶽の由来伝承によれば、石底山に住んでいた兄弟妹三人の末妹に神が乗り移り、「宮鳥山に居てお前の守護神となろう」との託宣があった。そこで三兄弟妹は宮鳥山近くに移り住み、神を尊信し拝所を建てたところ、三兄弟妹の作物は毎年満作であったため、人々が彼らの周辺に集まってきて村ができた。それが今の石垣と登野城の両村であるという。

これからすると、四箇の中で最初に誕生したのは石垣村と登野城村ということになるが、その時期については不明である。

近世琉球時代、首里王府は八重山を統治するために、行政官庁として蔵元を設置し、行政区画を宮良、石垣、大浜の三間切に分け、それぞれの間切に一人づつ配置した頭《かしら》が蔵元内において合議制により八重山統治にあたった。またその指揮監督にあたるため首里王府からは在番が派遣された。『八重山島年来記』によれば、一六二九年（寛永六）の最初の間切区分において、殿城村（とぅぬすくむら）は石垣間切、石垣村は宮良間切に属している。まだこの時、大川、新川村は存在しない。

石垣村と登野城村は、その後、人口が増え、民家も混交してきたので、一六七五年（康熙十四）

に道路を持って境界を定め（『八重山島年来記』）、さらに一七五七年（乾隆二十二）に至って、登野城村の人口二一一〇人のうち一〇五〇人を分けて大川村とし、石垣村の人口一九三八人のうち九六八人を分けて新川村を創設したという（『参遣状』）。

『与世山親方八重山島規模帳』（一七六八年）によれば、石垣村・新川村は石垣間切、登野城村・大川は大浜間切に属している。一七七一年（明和八）の大津波当時の四箇村の人口は、登野城村一一四一人、大川村一二九〇人、石垣村一一六二人、新川村一〇九一人であった。

なお『与世山親方八重山島規模帳』の条文には、「四ケ村」は諸役人が住んでいるところとあるが、一九〇三年（明治三十六）時の記録によれば、八重山全体の士族数五四〇二人のうち四八一三人、すなわち約九割が四箇村に住んでいた。その内訳をみると、石垣村が最も多く一四三八人、大川村は一三〇九人、登野城村一〇九八人、新川村九六八人となっている。当時の四箇村の総人口七四七七人に占める士族の割合は約六十四パーセントである。

一八七九年（明治十二）の廃藩置県によって在番制度は廃止され、八重山島役所を蔵元内に設置し、在番を役所長と称するようになり、その後、一八九六年（明治二十九）に、役所は島庁、役所長は島司に改称される。一八九七年（明治三十）には、蔵元は間切役場となり、頭《かしら》以下の吏員は解職され、代わって間切に間切長、村に村頭が置かれた。

一九〇七年（明治四十）に、沖縄県の間切と島は「村」に、村は「字」に改称されたが、八重山は特例で、八重山郡全体を一つの村とする「八重山村」が誕生し、それまで間切に属していた二十九の村は字になった。ところが一九一四年（大正三）に、八重山村は分村して、石垣村、大浜村、竹富村、与那国村の四ヵ村となった。石垣村は、登野城・大川・石垣・新川・名蔵・川平・桴海の七ヵ字を行政区画としていたが、さらに一九二六年（大正十五）に石垣村は町に昇格し、一九四七年（昭和二十二）に石垣町は市に、大浜村と与那国村は町にそれぞれ昇格した。翌年、竹富村も町に昇格した。その後、一九六四年六月に石垣市と大浜町の合併により新生石垣市が誕生し、ここに石垣島一島一市となった。かつての行政区としての村は字に変わったが、登野城・大川・石垣・新川の四字は、従来通り「四箇《しか》」と呼ばれている。四箇の中でも創立時期が同じ石垣村と登野城村、分村時期が同じ大川村と新川村は兄弟村であるという意識は、豊年祭の綱引きの東西の組み合わせとなって受け継がれている。

嘉善姓一門の墓（石垣永将が洗礼を受けた地とされる）

　八重山の重大な歴史的事件に関わる人物についても触れておこう。

　一五〇〇年のオヤケアカハチの乱で、首里王府側に立ってアカハチと戦ったのが長田大翁主《なーたふーじぃ》である。長田大翁主は戦功によって古見首里大屋子《こみしゅりうふやく》（頭職《かしら》）を拝命している。またその妹二人のうち姉の真乙姥は、アカハチ征討軍は全員無事凱旋という神の託宣を大里大将に伝え、それが実現したことの褒美として、イラビンガニ（永良比金）の神職を授けられた。死後、その墓は人々に崇敬され御嶽となった。しかし妹の古乙姥《くいつば》はアカハチと政略結婚させられ、アカハチとともに殺害された上に、逆賊の妻になったということで、その墓を真乙姥御嶽境内の西南の隅に造って、人に踏ませたという。またその墓は「チィダミ（蝸）墓」と賤称された。

嘉善姓五世の石垣永将は新川村に生まれ、万暦年間（一五七三〜一六二〇）に宮良頭職に就いた人物であるが、隠居して登野城村の海岸近くに邸宅を構え、南蛮貿易によって巨利を得ていた。一六二二年に石垣島の冨崎に南蛮船が漂着した際、牛十数頭を進めたことが機縁となって、宣教師と接するようになり、キリスト教が国禁であることを知りながら、洗礼を受け、また宣教師を自宅に招き入れ、密閉した家の中で家族や親戚、知人にも教義を聞かせ、帰依せしめた。

当時、八重山の頭職にあった石垣親雲上《ぺーちん》は、この事実を首里王府に報告した。王府は石垣永将を首里に連行して審理した結果、犯罪の事実が明白になったとして、石垣島新川の地で火あぶりの刑に処した。また入信した一族も処刑、流罪となった。嘉靖年間（一五二二〜一五六六）に建造されたという嘉善姓一門の墓は永将が洗礼を受けた場所だと言われており、焚刑場の跡は一門の拝所となっている。

四箇の暮らしと伝承

昭和五十二年版『統計いしがき』によれば、四箇の農家の戸数は、登野城一四五戸（専業は二四戸）、大川六十六戸（専業十五戸）、石垣九十八戸（専業は十四）、新川二二二戸（専業は十九）となっている。また漁家の戸数は、登野城一二四戸（専業は一二二）、石垣十戸（専業は十）、新川一九三戸（専業は一八八）となっていて、大川は〇である。

農家の人々は、農作物をイノシシの害から守るため、石積みによるウフジー（大猪垣）を築き、甘蔗、五穀（米、麦・粟・黍・豆）、さとうきび、野菜（大根・人参・カボチャなど）、とうもろこしなどを栽培していた。

四箇の漁家はほとんどが糸満系漁民である。彼らは、糸満の伝統的なアンブシ（網干し）漁と呼ばれる漁法や、突き漁法、釣り漁法、そしてミーカガン（水中眼鏡）が考案されてからはパンタタカーや、アギヤーと呼ばれる追い込み漁法によって魚を獲ていた。鮮魚や貝類、海藻類の漁獲物は大川の公設市場で売られた。

四箇の年中行事で代表的な祭りについて見ておこう。

プーリィ（豊年祭）

米為御嶽における「ミシャグパーシィ」

最大の行事はプーリィで、旧暦六月に二日間にわたって行われる。第一日目がオン（御嶽）プーリィで第二日目がムラ（村）プーリィである。但し新川では初日をフバナアギ（穂花上げ）、二日目をユーニガイ（世願い）という。四箇の豊年祭は、日取りの決定から、他の字へ通知、案内、ムラプーリィの段取りなど、新川が行事を主導することになっている。

初日のオンプーリィは、登野城の場合、午前中は小《く》波本《ばんとぅ》御嶽《おん》と米為《いやなす》御嶽《おん》で、午後からは天川《あーまー》御嶽《おん》を中心に行われる。大川は大石垣《うしゃぎ》御嶽《おん》と美崎《みしゃぎ》御嶽《おん》で、また石垣は宮鳥《めーとぅりぃ》御嶽《おん》で、新川は長崎《なーさきぃ》御嶽《おん》でそれぞれ行われる。登野城には、タルファイ兄とマルファイ妹の二神がアンナン国（ベトナム）から稲種子を持ち帰ったという伝承があり、小波本御嶽は兄妹二神の屋敷跡、大石垣御嶽はタルファイ兄、米為御嶽はマルファイ妹の墓であったという。

宮鳥御嶽は前記のように登野城と石垣両村発祥の地である。長崎御嶽は、ナーサキィヤー（長崎家）の祖先が、霊火が出現した場所で「夫婦石」を見つけ礼拝すると、凶年でもその家の農作物のみは豊作であったことから、それを伝え聞いた人々も尊信するようになり、やがて一宇を建てて御嶽として信仰するようになったという。

このようにオンプーリィは、村ごとに由緒ある御嶽で行われるが、ムラプーリィは四箇字《しかあざ》が一緒になって、新川の真乙姥御嶽で祈願や奉納芸能が繰り広げられる。

ハーリー（爬龍舟競争）

旧暦五月四日に行われるハーリーは、糸満系漁民が沖縄本島の糸満で行っていた海の安全と豊漁を祈願する行事で、糸満系漁民が八重山に持ち込んだものである。一九〇六年（明治三十九）から行われているという。競争する組の決め方はこれまで幾多の変遷があり、一九七二年以降、東組、中組、西組の三組に編成されたが、その後、東一組、東二組、中

ハーリーの光景

一組、中二組、西組の五組となり、さらに祈願のための組と競争のための組に分けて行われるようになった。

旧暦四月二十七日および前日の五月三日に前祈願を行い、五月一日には中一組、中二組、西組の合同チームによる「分《わ》かしバーリー」、そして四日の「本《ほん》バーリー」があり、五日には「後生《ぐそう》バーリー」と言って、あの世でハーリーが行われているため、出漁を控え静かに過ごすことになっている。

登野城のアンガマ

ソーロン（孟蘭盆《うらぼん》）

旧暦七月十三日から十五日までの三日間は、先祖をあの世からお迎えして饗応するソーロンであるが、この行事に登場するのがアンガマである。アンガマは、木製の面をかぶり、青い生《なま》のクバ扇を持ったウシュマイ（翁）とンミー（媼）と、その子や孫と言われる、花で飾ったクバ笠をかぶり覆面した女装の踊り手および地謡からなる集団である。アンガマ集団は裏声を用い、肉声では一切しゃべらない。アンガマは招かれた家々で、仏壇の香炉に焼香し、その前で踊りを演じて、祖霊を慰める。また踊りの合間には、ウシュマイ・ンミーと見物人との間で奇問珍答が繰りひろげられる。

石垣四箇の伝説・昔話

1　八重山の始まり

〈その一〉

大昔のこと、たちまち、ハマオモト(1)の萌芽が生い茂り、次にヤトカリ(2)地に這《は》う。次に鶉《うずら》(3)翔《か》け、それから、しばらくして男女二人が現れた。神が、二人を大樹の洞穴の中に隠さる。時を移さず、天を覆《おお》うばかりの雨、滝沢瀬のごとく降り注ぎ大洪水が起こり、渺漫《びょうまん》（水は果てしなくけむる）として濁水氾濫（みなぎりあふれ）、野も山も一面の海となった。

かくて数日ばかりたって、さしもの洪水も退いたから、神は二人を導き出されて、毎日、餅三個づつを携え来られて養われた。彼等は、朝二個、昼一個を食《く》うていたが、幾日かを経てから、朝、昼、晩、おのおの一個づつ三度に分けて食うようになったのを、御覧あって、
「朝二個、昼一個を食うのと、朝昼晩と一個づつ食うのと、いずれが、おいしいか」と尋ねられた。

彼等は、
「直ちに両手を拍ち、どっちが、鳴ったかというようなものだ」とお答えした。

神は、其の奇答に喜ばれ、ある日、井戸（方言、カー）の周囲を、男は右より、女を左より旋《めぐ》らし媾合《まぐあい》の道を知らしめて、神は天に昇り、輝いている南の星《ぱいぬぷし》（方言、午の星）に帰らる。二人の子孫は年と共に繁殖した。

〈その二〉

島の最初にアザネブラ(4)自生し、常緑の葉繁茂せり。

二番目にヤトカリが樹根の下より穴を穿ちて、

「カプリー」と言って出てきた。

三番目には、其の穴より、

「カプリー」

と唱えつつ、男女二人が現れた。

二人は、日を逐うて飢餓に迫られたとき、ふとアザネブラを仰ぎみるに、巨大なる球の果実（方言、アザネヌナリ）が黄赤色に呈し豊熟せるを、手づから採りて、一日の食となし安楽な生をつなぐことができ、子孫繁殖した。

報告者　登野城　岩崎蝶山（卓爾）

(1)　ハマオモト（ヒガンバナ科。方言名はサディフカー。海岸の砂浜や岩場に多く見られる。春から夏にかけ芳香のある白い花を咲かせる）
(2)　ヤトカリ（方言名はアマンツァあるいはアマンチャー）
(3)　鶉（方言はウッツァ）
(4)　アザネブラ（アザンブラ、一般にはアダンと称する。タコノキ科。海岸近くに生える亜高木。幹は太い枝を疎に分岐し、多数の支柱根を垂れる。果実は集合果でパインアップルのような形をしている。だいだい色に熟して甘い香りを放ち、ヤシガニの好物でもある。ちなみにヤシガニは、ヤドカリ科に属する。またそのアダンの初芽や幹の柔らかい部分は、元来、祭事や仏事に料理して神前・仏前に供える。今は一般の食料にも用いられている）

伝承の窓

　これは、一八九九年（明治三十二）に石垣島測候所に赴任、島の人から「天文屋《てんぶんや》の御主《うしゅ》前《まい》」と讃えられて、生涯を同島で送った岩崎卓爾氏が、一九三〇年（昭和五）、『旅と伝説』一月号に「鼠の花籠」（一）として寄稿されたものである。それは「創世記」と題されたように、八重山のこの世の始まりを語り伝える、聖なる神話伝承の報告である。本土の古典である『古事記』や『日本書紀』は、この男女をイザナギ・イザナミの二神とするが、これとは直接かかわらない。石垣島の古老が口伝えで語る八重山独自の伝承である。

　ちなみに、石垣島が生んだ希有な民俗学者・喜舎場永珣氏は、一九一六年（大正五）、白保小学校の訓導時代に、同聚落の古老より、同じく「八重山の初め」を聞き取っておられる。それを要約すると、次のようである。

　大昔、日の神（テダガナシ）がアマン神を呼んで、天《あま》の槍矛《やりほこ》を授けて、下界に島を作れと命じられた。アマン神は土石を運んで橋の上から大海に投げ入れ、天の槍矛で土石をかきまぜ、八重山島を作った。この島にはアダンの木が薫りたかく熟していたが、そのアダンの木の穴からヤドカリが「カブリー」と叫んで地上にはい出してきた。やがて日の神は、人種子を降ろされると、二人の男女がヤドカリの穴から「カブリー」と叫んで地上にはい出て、赤く熟れているアダンの実を食べた。アダンの実は、二人の命の木となった。日の神は二人を池の傍らに立たせ、別方向に池をめぐるように命じた。再び出会った二人は抱き合い、その後、八重山の子孫が栄えたという。

アダンの実

やや本土の古典に近いようであるが、そうではない。むしろ首里王府の『中山世鑑』の「琉球開闢之事」に近いとすべきである。それによると、「アマン神」は「阿摩美久ト云フ神」とある。

しかもわたくしどもは、一九七五年（昭和五十）八月の石垣市における昔話調査の折りに、喜舎場永珣氏とほぼ同じ内容の伝承を聞き取っている。語り手は平得の方であったが、その最後には、次のような説明が付されている。

八重山の豊年祭のとき、阿旦の新芽の白い部分で汁を作って、神の前に供えたり、また盆に、仏壇に阿旦の実を供える習わしは、人々が神さまをありがたいと思う心から、今でも残っているということだ。

これによると、この遙か遠いむかし（アマン世《ゆ》）の創世神話は、豊年祭のたびごとに、また盆祭りのたびごとによみがえり、今の世につながる尊い物語として語り継がれてきたと言える。

米為御嶽での祈願

豊年祭の旗頭

2　石垣四箇の始まり

　昔、八重山には、弱肉強食の世があってね、力の強い者は弱い者をどんどんいじめておったそうだ。そういうところに天から神様が降りられた。ここに男二人と女一人の、三兄弟妹がおったそうだが、神様はそのうちの長女に降りられて、

「このままでは、この島は立てていかれないから、あなた方は神の心で、このメートゥリェーのそばに拝所を建てて、信仰していきなさい」とおっしゃったので、三人の兄妹は一致してその通りにすると、この神様の威徳のおかげで、毎年、豊年満作であったそうだ。

　それから、その徳を慕った人々が、三人兄妹の所に寄り集まって、村ができた。そして、このメートゥリェーオン(1)を中心にして、どんどん東へ西へ広がっていって、イシャナギィラ（石垣）、フーガー（大川）、トゥヌスク（登野城）、アラカー（新川）からなるイシャナギ（四箇字）ができたそうだ。

　旧大浜町の人は、「イシャナギィ　カイドゥ　オール（石垣へ行くのですか）」と言い、離島の人は「イシャナギィ　イキテ　クイ（石垣へ行ってくるね）」と言う。

語り手　新川　竹田信貫

(1)　メートゥリェーオン（メートゥリィオン、宮鳥御嶽。石垣市字石垣にある御嶽。明治三十六年当時の古地図によれば、現在、北側に隣接する石垣小学校の敷地はすべて御嶽の境内にあったようである。一九一〇年〈明治四十三〉に校舎を建築するため広大な森は削られ現在の規模になった）

伝承の窓

宮鳥御嶽の由来および四箇村の起源に関する伝承は、『八重山島由来記』や『琉球国由来記』、また『遺老説伝』にも見える。それによれば、四箇村が現在の地に形成される以前は、信仰心を持たない人々が弱肉強食の獣のような生活をしていたという。そうした世に、バンナ岳南方に位置する石城山《いしすくやま》に、ナタハツと平川《ぴさがー》カワラという名の男二人と、マタネマシスという名の女の三兄弟妹が住んでいた。ある日、マサシモトタイという神が宮鳥山に出現し、妹のマタネマシスに乗り移って、「お前の敬神な心は神明にかなっている。これからはこの宮鳥山を栖(住み処)にしてお前の守護神となろう」と告げた。そこでマタネマシスはそこに祠を造って拝所とし、ますます敬神の念を強くしていったところ、三人の五穀は毎年豊作に恵まれた。それを見た人々は、その徳を慕って彼らのところに集まり、やがて村ができた。これが石垣・登野城の両村である。また三兄弟妹は、拝んでいたところを嶽として崇めたため、人々も崇敬するようになった。これが宮鳥御嶽であるという。

これによれば、四箇の発祥の地は宮鳥御嶽を中心にした地域であり、そこから東方の登野城の方まで家が一気に建ったため、二つの村に分割したのであろう。なお民間では先に石垣村ができ、その後に登野城村ができたという伝承もあるようだが、石垣村と登野城村は兄弟村という伝統的な意識は現在も継承されている。またその後、登野城村から大川村が、石垣村から新川村が分村している。豊年祭(ムラプーリィ)における綱引きでは東は登野城字会・石垣字会、西は大川字会・新川字会が中心となって引くが、そうした東西の組み合わせは、それぞれが兄弟村であるからだという。

宮鳥御嶽

宮鳥御嶽のイビの前

3　真《ま》乙《いつ》姥《ば》御嶽《おん》の由来

一五〇〇年の尚真王の時代に、オヤケアカハチ(1)という男が首里王府に謀叛を企てる事件があってね、それで大里大将に率いられた三千名余の王府軍は石垣島に攻め入ってオヤケアカハチやその仲間を平定したそうだ。平定して帰る時、真乙姥という一人の女性が、

「順風が吹いて、兵船はすべて三泊四日で確実に那覇の港に着くというイラビンガニの神託があった」と、伝えたそうですね。真乙姥が。それで、

「間違いないか、もし間違いだったら、あんたはもう打ち首だよ。その代わり、もしそれが本当なら褒美を取らせよう」と言って、出港したらしい。

真乙姥は、それから毎日、食事も取らずに、ひたすら祈り続けた。それは、海の葛《かずら》の浜昼顔が、こう、体に巻きつくくらいだったそうだ。

ちょうどそこに、平得の多田屋遠那理《たーだやおなり》という女性が通りかかり、死にかけていた真乙姥を見つけ、助けたそうだ。

しばらく時がたって、首里王府の船がやって来て、

「真乙姥が言った通り、兵船はみな無事着いた。船が順調だったのは真乙姥の願いのお陰だ。褒美を取らすから来なさい」ということで、尚真王から今度は呼び出しがあってね。多田屋遠那理と一緒に出かけたそうだ。

首里王府は真乙姥に大阿母《おおあも》(2)の職を与えたが、真乙姥が、

「自分が生きているのは多田屋遠那理のお陰だから、その職は多田屋遠那理に与えて下さい」と言っ

たら、王府は真乙姥の願い出を聞きいれ、その代わり、真乙姥にイラビンガニの神職を与えたそうだ。そして二人は三年に一度、首里王府に出かけることを義務づけられた。

それから何年後か分からないが、ある年、首里からの帰り、台風に遭ったそうだ。台風に遭って、アンナン、今のベトナムだね、そこに流れ着いたそうだ。二人はアンナン国王に厚くもてなされ、立派な簪《かんざし》の他、良質の品種、五穀の種子をもらい、さらに船も直してもらって、八重山に帰ってきたが、真栄里の多田浜(3)というところに着いたので、そこに、アンナンの国に向かってね、小さなお宮を造って拝んでいるよ。また多田屋遠那理の墓は大阿母御嶽となって、平得の豊年祭はその前で行われる。

真乙姥も、八重山のためにいろいろやったということで、亡くなった後、神として祀られ、その墓は御嶽となり、石垣四箇の収穫儀礼プーリィの二日目に行うユーニガイ（世願い）は、五穀の種子を持って来て広めたということでね、この真乙姥御嶽の前で行われる慣わしになっている。

また宇《うー》根《に》通《とう》事《じ》という船長がおって、奥さんが盲人なんでね、自分が航海している間は、妾の人に奥さんの面倒を見てくれと頼んでいたそうだ。二人は、毎日、真乙姥御嶽に通って航海の無事を祈っていたが、三年たっても戻って来ず、行方不明になっていたそうだ。そこで二人は、この真乙姥の神に、

「もし無事に帰ってきたら、みんなで感謝の綱引きをします」と祈ったら、ひょっこり帰ってきたそうだ。鬚もぼうぼう生えて全然わからんくらい変わっておったという話だ。

通事が無事に帰って来たから二人の妻は喜んで、感謝の綱引きをしようとしたが、綱が無い。その通事が掘ったという井戸の釣瓶の紐を使ってみんなで引いたというのが、最初のアヒャー綱(4)。アヒャーというのは、役人の奥さんの意味らしい。そのアヒャー綱を、今でも村プーリィの時、女性

だけで引く。またその前に、板舞台の上で五穀の種子を授かる儀式があるが、西から来るのは真乙姥、東からは鬚の生えた老人がこう来る。そして五穀の種子をね、真乙姥に授けるのだ、ということを父親から聞いたものだ。

五穀の種子を授かる儀式

語り手　新川　嵩本安意

(1)　オヤケアカハチ（十四世紀後半、八重山で割拠した群雄の一人。波照間島で生まれ、石垣島大浜に移り住む。一五〇〇年に首里王府に叛旗を翻し殺害された）

(2)　大阿母（方音はホールザー。八重山の神女組織の総元締め）

(3)　多田浜（真栄里集落東方の海岸）

(4)　アヒャー綱（アヒャーとは目差《みざし》から首里大屋子《しゅりうふやく》までの役職に就いている士族の妻のこと。アヒャーマはその敬称語。そうした貴婦人のみで行われる綱引き）

伝承の窓

真乙姥御嶽は石垣中学校正門の南西側に接してあるが、もともとは真乙姥という長田大翁主の妹の墓であったが、その後、御嶽として祀られるようになったものである。御嶽のイビは真乙姥の遺骨を納めた墓そのものである。また石垣中学校の正門前には真乙姥御嶽を深く信仰していた字石垣の宇根屋《うーにやー》の宇根通事《うーにとぅじ》が掘ったと言われる宇根井戸《うーにーかー》がある。別名、真乙姥井戸《まいつばかー》とも呼ばれており、現在でも神事の際にはこの井戸の水を使用しているという。なお四箇字の村プーリィはこの真乙姥御嶽の前の道路で盛大に行われる。

例話は「真乙姥御嶽の由来」と題しているが、内容は四つの話から成っている。最初は、真乙姥が一五〇〇年のオヤケアカハチの乱を征討した王府軍の無事凱旋《がいせん》を美崎山に籠《こも》って祈願し、その功により王府から褒美をいただいたという話である。真乙姥の祈願は想像を絶する程で、食事も取らず、その体に浜の蔓草が巻き付くほどであったといい、そのような瀕死の状態の真乙姥を、通りかかった平得の多田屋遠那理が見つけ、介抱して蘇生させたということで、王府は真乙姥と多田屋遠那理を首里に招き褒美を与える。その褒美とは、真乙姥にイラビンガネの神職を、多田屋遠那理には大阿母職を与えたことをいう。二つ目は、二人が上国の帰りに遭難し、漂着した安南国（今のベトナム）から五穀の種子を持ち帰る話である。船が着いた真栄里海岸の多田浜には多田御嶽が造られている。また遠那理の死後、その墓は八重山初代の大阿母職を授けられた女性の墓ということで崇敬されて御嶽となった。いわゆる大阿母御嶽《ほーるざーうがん》である。現在、平得の種子取祭は多田御嶽を出発して大阿母御嶽で行われる。三つ目は、豊年祭におけるアヒャー綱の由来である。宇根通事が旅に出た時、妻と妾が二人して真乙姥御嶽で、夫が無事帰ってきたら綱を引くと祈願したところ願いが叶ったため、宇根通事が掘ったという井戸の釣瓶《つるべ》の綱で引いたという。現在もムラプーリィにおいて、真乙姥御嶽の神司から貫棒をもらい、雌綱と雄綱をそれでつなぐだけで、実際には引かないが、女性だけによるアヒャー綱が行われている。四つ目は、四箇字のムラプーリィの際に板舞台の上で行われる儀式の話で、それは真乙姥が神から五穀の種子を授かるものであると父親から聞かされたと語る。

これら一連の話は、真乙姥が八重山ために多大の功績を残し、真乙姥御嶽が航海安全と豊年祈願のために多くの人々の信仰を集めてきたことをを余すところなく伝えている。

なお真乙姥御嶽境内の鳥居の側には、真乙姥の妹で、政略結婚によりオヤケアカハチの妻となり、オヤケアアカハチの乱ではアカハチとともに誅殺された古乙姥の墓があった。逆賊の妻の墓であるとして「ツダミ墓（かたつむり墓）」と賤称され、人々に踏ませたという。姉と妹の運命はきわめて対照的な伝承を残している。

真乙姥御嶽の拝殿

真乙姥御嶽のイビの前と真乙姥の墓

4 天川御嶽の由来

元々、うちは農業をしており、先祖に野佐真《ぬさま》(1)という神高《かんだか》い(2)方がいらっしゃった。八重山全体が不作であっても野佐真の農作物は大変豊作であったので、種子がなければ農業はできないから、その種子を皆さんに分けてやったり、食糧難の時は、食料を分け与えたりすることがあったそうだ。

野佐真は天川御嶽の霊石を信仰していて、大変信仰心が強く、その報いで、他が不作であっても、野佐真の農作物は稔りがあったということを聞いている。

また南国独特の漁業施設であるカイラーギ(3)というものを持っていて、その漁に行く時も、天川御嶽の霊石に手を合わせ、帰りにもその霊石に対して「本当にありがとうございました」と手を合わせ、お供えをしたりしていたという。それで、他のカイラーギにはなかなか魚は来なかったけれども、野佐真のカイラーギには魚が寄り集まって、常に海の方も豊漁であったと聞いている。

語り手　登野城　新城弘志

(1)　野佐真（登野城の新城家の祖先。いつ頃の人であるかは不明）

(2)　神高い（霊力が強いこと）

(3)　カイラーギ（海岸から二十メートル沖合に魚を捕る施設を造り、そこで長柄の四ツ手網を下ろして魚を捕る南国独特の漁業施設。長さ四メートルほどの大人の腕の太さくらいの丸太を一メートル間隔で海中に交叉して立て、その交叉点に横木を渡し、その横木の上を伝って作業場まで行った）

伝承の窓

天川御嶽は登野城随一の御嶽で、年頭願い、豊年祭やハーリー、結願祭など年間祭祀のほとんどがここで行われる。かつては大旱魃の時の雨乞いも、この御嶽で儀礼が執り行われた。

『八重山島由来記』では、天川御嶽の由来は「相知れず」となっているが、新城家の口碑や登野城の民間伝承によると、その由来は次の通りである。

1．天川家に野佐真というセジ（霊威）高い人がいた。

2．野佐真はいつも天川のイベ（霊石）を拝んでいたため、彼のカイラーギ（漁業施設）には魚がよく群がり豊漁が続いた。

3．農業においても霊石を信仰したおかげで、彼の五穀は毎年豊作であったため、天災の時には五穀の種子を配り、飢饉の時は島民に米穀を配給し、救済した。

4．霊験あらたかなイベを豊年・豊漁の神として一般の人々も尊信するようになり、そこに御嶽を建てた。それが天川御嶽である。

例話は、ほぼこうした伝承に添ったものである。というより、語り手の新城弘志さんは、天川家《あーまーやー》の末裔であるから、新城家の口碑そのものである。

野佐真はその篤行《とっこう》により首里王府から「親雲上」の地位を下賜され野佐真親雲上になった。「親雲上」は本来士族に与えられる位階の一つで、平民に与えられるのはきわめて異例である。墓は八重山高等学校の西北隅にあったが、大正十三年に移転し、現在は国家公務員宿舎石垣第三住宅の側に位置している。墓碑には「天川家野佐真親雲上翁之墓」とあり、「大正十三年秋八月吉日建立」となっている。

なお10「風邪の神の恩返し」でも取り上げるように、野佐真はチビナージィナの由来伝承にも登場する。ある日、野佐真がカイラーギで漁をしていると、海岸で、頭にカムロを被った異形の者が船を陸揚げしようとしているのを見て、行ってそれを手伝う。その男達は、自分たちが疫病神であり、天命を受けて、この島に疫病を撒き散らすためにやってきたことを告げ、野佐真に、門にチビナージィナを張れば難を免れることを教える、というものである。

天川御嶽の拝殿

天川御嶽のイビ

5　稲の伝来

米為《いやなす》御嶽《おん》と小波本《くばんとぅ》御嶽《おん》があるがね、兄と妹、タルファイとマルファイだったかな。アンナン(1)、というとベトナムだ。向こうから稲を持って来なさって、クバントゥ原というところに住居を構えてね。そしてあの一帯の湧き水だね、地下水。それを利用して米を作っておったらしい。それから稲作が広がったということだ。兄妹の住んだ屋敷跡が小波本御嶽で、妹のマルファイの墓が米為御嶽だ。兄さんが収穫した稲籾を妹が搗って白米にしたというのでイヤナス（米為）という。そして兄のタルファイの墓は大川にある大石垣《うしゃぎ》御嶽《おん》だ。登野城の豊年祭(2)は、午前中は小波本御嶽と米為御嶽で豊穣を祈願し、それから天川御嶽に移動して、登野城の字民が集結して総合的なものをやることになっている。

あの湧き水の名はクシィキバギナーと言って、長老方に聞いてみると、裏の坂を上がって行って、今の浄水場のあたりの東の方に二つバギナー(3)があったらしい。御嶽の周辺はみな平らだからね、あの一帯はみな田圃だったということで、田原と言ったけれども、そこで米を作っていたということを聞いている。

語り手　登野城　新城弘志

(1)　アンナン（安南。ベトナムに対する中国の呼称。中国唐代に北部ベトナムを統治するために置かれた安南都護府に由来する。十世紀半ばに中国から独立した後のベトナムは安南国と呼ばれたため、日本などの諸国でもこの名称が用いられた）

(2)　豊年祭（稲や粟の、今年の収穫感謝と来年の豊作を祈願する祭りで、旧暦六月に行われる。祭日の日取りは各村において干支で決められる。四箇の場合は新川が決めて他の登野城・大川・石垣に通知することになっている）

(3)　バギナー（湧き水の出るところ。湧き水のことをバギィミジィと言い、ナーは川や井戸の意味）

伝承の窓

八重山における稲の伝来については、八重山古謡などに、東方の海から五穀の種子を積んだ船頭のいない神の船がやって来たと謡われていたり、大阿母に任ぜられた多田屋遠那理が首里からの帰り、安南に流されて、そこから五穀の種子をもらって真栄里の多田浜に着いたという伝承がある。

ところがこれとは別の伝承もあり、例話によれば、アンナンのタレシンというところから、タルファイ、マルファイという兄と妹が稲の種子を持って八重山に渡来し、登野城の北方クバントゥ原に水田を拓き、住居を構え、稲作を始め、それを島民に伝授したという。そしてタルファイとマルファイの死後いつの頃か、稲を伝えた人が神格化され、住居跡は小波本御嶽《くばんとうおん》、マルファイの墓は米為御嶽《いやなすおん》、タルファイの墓は大石垣御嶽《うしゃぎおん》としてそれぞれ崇敬されるようになった。小波本御嶽と米為御嶽は登野城集落からやや離れた、現在の石垣第二中学校の北東方向にあり、登野城の種子取りや豊年祭は、両御嶽を中心に行われる。大石垣御嶽は大川にあるが、豊年祭のオンプーリィでは美崎御嶽とともに重要な祭祀の場となっている。なお、大石垣御嶽が御嶽になった由来については次のような伝承もある。

石垣村新城家のマナビという神司は、干魃の時、あらゆる山々嶽々に祈願したが全く効果がなかった。しかしタルファイの墓に祈願をしたところ大雨が降ったため、その霊験に感謝して一宇を建てて拝所としたところ、周辺の住民もそれに倣い信仰するようになった。

小波本御嶽と米為御嶽はまた水元の神としても信仰されており、登野城の雨乞いは両嶽を中心に行われる。さらにクバントゥ、イヤナスの神は、大浜、竹富および宮古の多良間島の雨乞い歌にも見えるが、波照間島には次のような民話もある（牧野清『登野城村の歴史と民俗』六〇頁）。

昔、クバントゥ、イヤナスの神が黒島に渡り、ある家に宿を乞うたところ断られた。次の家に頼むと、「自分の家は貧しくてヒエしかないが、それでもよければ宿《とま》って下さい」と言った。その

小波本御嶽で祈願するツカサ

米為御嶽

大石垣御嶽

後この家は、イヤナスの神がその畑に雨を降らしていつも豊作であった。

このように、クバントゥ、イヤナスの神は、登野城だけでなく、宮古・八重山の他の地域にも雨を賜る神としても伝承されている。

6　ビッチン山の由来

昔、宮良という家(1)のお婆さんが浜に晒《さら》しておいた布を見に行ったそうだ。そしたら、沖の方から、何かが浮いたり沈んだり、浮いたり沈んだりして来たそうだ。しばらく見ていたら、自分の方に来るので、

「あら、これは何だろう」とつかまえて、何か徳のある物に違いないと思って、これを持って砂浜に上がったそうだ。

そしたら、海では軽く浮いていたのに、一旦砂浜に上がったら、重たくて持てない。それは石だった。どうしても自分一人では持って行けないので、オーセ(2)の屋敷に走って行って、そこで番をしていらっしゃる竹田家(3)のおじさんに来てもらって、二人で村に持って行こうとした。

ところがあるところまで来ると、この石は根が付いたように、動かなくなってしまったそうだ。それで、石の止まった所で、この石を神様のように、宮良家と竹田家が拝むようになった。

村の人は、この霊石のある拝所をビッチン山(4)と呼ぶようになり、現代では、糸満(5)の漁師や海に行く人なんかが、海の神様として拝んでおるそうだ。

語り手　石垣　糸数　鶴

(1)　宮良という家（石垣村の宮良家）

(2)　オーセ（八重山の行政組織の中心である蔵元の下に置かれた村番所。かつての石垣村番所は一七七一年の明和大津波によって流されたが、その後、現在の字石垣二五九番地に再建された。そこはビッチン

山から北方へ数十メートルの距離にあった）

(3)　竹田家（石垣村の士族役人の家。屋号は目差家《みざしぃやー》。もとは前平田家を名乗っていたが、後継ぎがなく東新城家から養子を取って家督を継ぎ、二代目の信貴の時、一九四六年〈昭和二十一〉に竹田に改姓したという。目差とは首里大屋子《しゅりうふやく》や与人《ゆんちゅ》を補佐して村の行政をつかさどる役職だが、その屋号は先祖に目差職を拝命した人がいたことに由来するか）

(4)　ビッチン山（字石垣二四番地の二に所在する御嶽。現在は美鎮嶽と漢字表記されている。御嶽のあったところは当初小さな丘であったのだろう。現在の美鎮嶽は、地上より約一メートル近く高くなった十五坪ほどの境内に、樹齢一五〇〜二〇〇年と推定されるクワノハエノキが生え、樹木の北側に木造コンクリート葺きの拝殿がある。拝殿の後ろには、大きめの石一個とそれより小さい石六個が祀られており、その前にはセメント製の香炉がある。境内の周囲には粟石が積まれているが、西南の方向に門を開け、内側に鳥居が建てられている。境内の北側にも出入り口があり、かつてはそこにも鳥居があったようである）

(5)　糸満（沖縄本島南部の西側に位置する集落。石垣島の四箇村の海岸付近には、糸満から移住してきた漁師が多く住んでいた）

伝承の窓

八重山には、ビッチュル、ビッチリ、ビジリ、ビディリといった、自然石信仰における神体の呼称があるが、ビッチンもその一つである。沖縄本島および周辺離島に広く分布するビジュル信仰の流れを汲むが、ビジュルという語は、仏教における仏弟子・十六羅漢の筆頭に位置する賓頭盧《びんずる》に由来すると言われている。

ピッチン山については竹田家の伝承もある。それによれば、海に布を見に行き、石が浮かんでくるのを見つけ、このことをオーセの筑登之《ちくどぅん》（称号）に知らせたのは鳩間の屋（浦崎家の屋号）の十七、八歳になる女の子であった。筑登之と女の子が一緒に行って石を運んだが、オーセの午《うま》（南）の方まで来て急に重くなって持ち上げることができなくなったため、そこが神の鎮座するところであるに違いないと思って拝所にしたという。

その後、ピッチン山のツカサ（女性神役）は、その浦崎家と竹田家の娘が代々つとめていたが、昭和三十五年頃、竹田家の女性がツカサを勤め、その後、浦崎家の女性が三年ほどツカサをしていたが、その人が沖縄本島に引っ越してからは、ツカサが不在となり、諸行事は宮鳥御嶽などのツカサが行っているようである。現在、管理は竹田家が行っている。

なおビッチン山から五十メートルほど西方にシジ（霊威）高いところがあり、そこは海から霊石を運ぶ時、一時休憩した場所であったというユタの判示があって、美鎮嶽の分神を祀るようになった。現在の「ミルクぬ御願所（龍宮の御嶽）」である。美鎮嶽は、豊漁祈願や航海安全のため、特に糸満系漁民の人々が多く拝んでいた。旧暦五月四日のハーリーの前日には、埋め立て地の浜崎の海岸で龍宮の神を迎え、ミルクぬ御願所および美鎮嶽において、豪華な供物を捧げて祈願が行われる。以前、ハーリー当日には、漕ぎ手のメンバーはここを拝んでからレース会場に向かったという。

ビッチンの神は霊威が高く、かつて祠の柱を故意に壊した人が重篤に陥ったこともあったという。現在でもビッチン嶽の側で小便をするとマジムンに連れ去られるという話を聞くことがある。

美鎮嶽で祈願するツカサたち

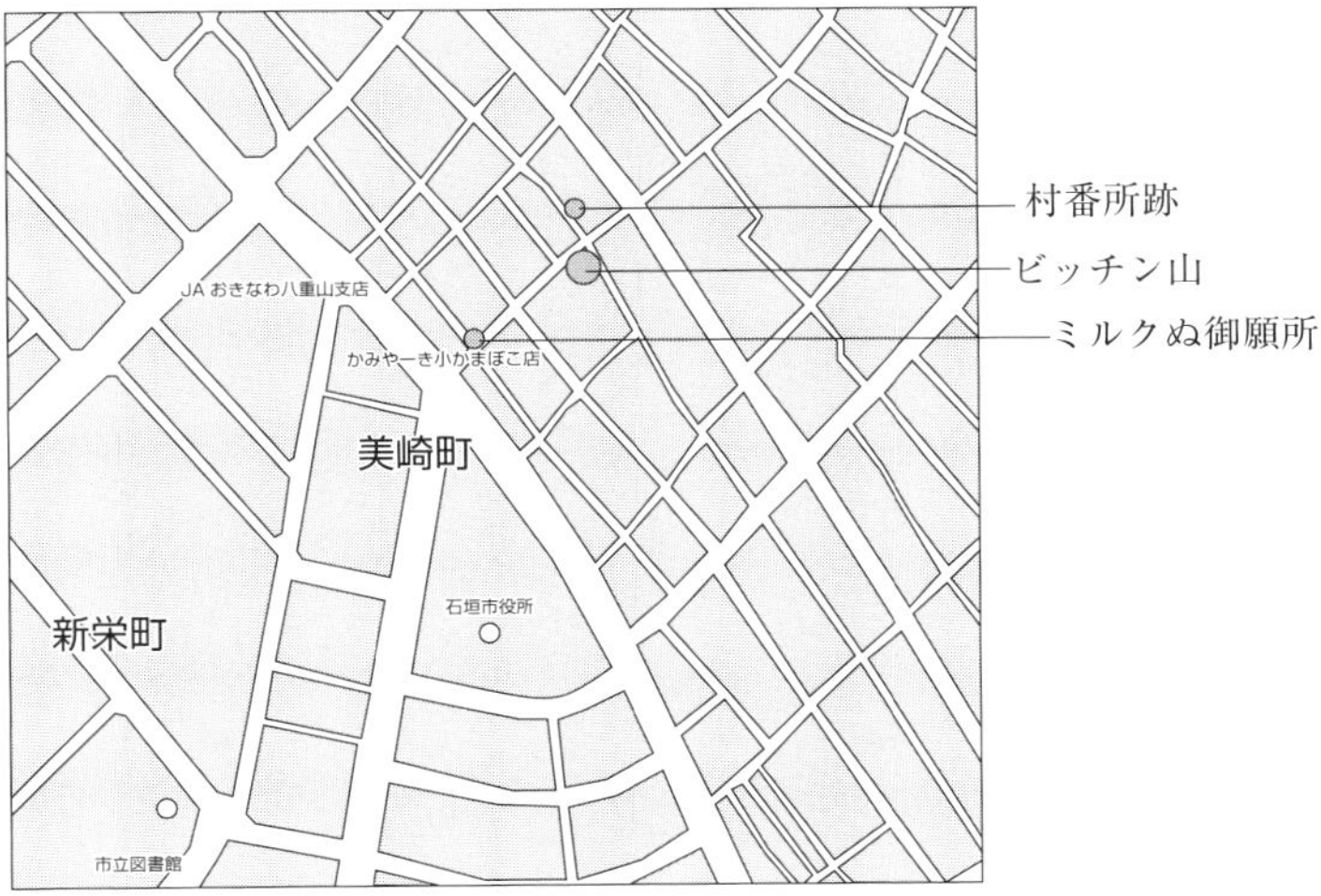

7 チィンナーカーの由来

石垣村にチィンナーカー(1)という古い井戸があるが、この井戸を発見した人は、新川村のフーリヤー(2)の人だそうだ。

昔、フーリヤーの人が、一匹の可愛い猟犬を使って、ウムザ（猪）の猟で生計を立てていたそうだ。その犬が、夜になると、こっそり家を出て行って、翌日、夜が明けると同時に帰って来るということが、毎晩のように続いたそうだ。そこで、この人が不思議に思って、ある晩、こっそりその犬の後をつけて行って見ると、現在のチィンナーカーの所でじっと立ち止まったので、その晩はそのままこっそり帰ってきた。犬は、毎晩のようにそこへ出て行ったそうだ。

ところがある朝、犬がびしょ濡れになって帰って来たので、これは不思議だと思って、またその晩も犬の後をつけて行ったところ、水のあるような気配がしたので、犬と一緒に降りて行ってみたら、そこに立派な湧き水があったそうだ。そこでフーリヤーの人が飲んでみると、その水はとっても甘くておいしい、最高の水であったそうだ。

「それじゃ、みんな水に不自由しておるから、それを飲料水にしよう」ということで、そのまま降りて行って汲んだそうだよ―八重山では降りて行って水を汲む井戸のことをウリカー（降り井戸）という。このチィンナカーは元はウリカーであったらしい―。

しかし、人々は降りて行って水を汲む不便さを無くするため、その後、現在のように、ずーと下から小石を積み上げて、縄の付いた釣瓶《つるべ》で汲み上げる井戸になったと聞かされておるよ。それでこの井戸のことをチィンナーカーと呼んでいる。

語り手　石垣　東　永一

注

(1) チィンナーカー（字石垣三五〇番地、集落北方の畑の東側、道路添いにある井戸。宮良當壮『八重山語彙』には、チィンナーは釣瓶の縄、井戸縄のこととある。チィンナーカーは釣瓶で汲む井戸という意味で名付けられたものであろう。こうした井戸は史料には「釣川」と表記される。『八重山島諸記帳』の「井」の項に、石垣の井として「釣川井、村後に有り」と記されているのが、このチィンナーカーと見られている）

(2) フーリヤー（屋号）

伝承の窓

人間は水が無くては生きていけない。個人の家では、生活用水として天水を甕やタンクに貯めて利用することもあったが、村では、地下の水脈まで掘削し周囲を石垣で積み上げたり、湧き水のところまで降りる階段を取り付けるなどして共同の井戸を造った。前者の井戸をチィンナーカー、後者をウリカーと一般に呼んでいる。但し、『球陽』巻八の一六九四年（尚貞王二六）条によれば、それまで村に「穿井」すなわち掘り井戸はなく、蔡寿（渡久地親雲上）が八重山在番当時、穿井の法を教えたというから、もともとのチィンナーカーは、ウリカーの周りを石で積み上げたものであったと思われる。「八重

チィンナーカー

山島年来記」の一六六七年（康熙六）の条に、「大地震により大川村の井戸が崩れ、水を汲みにきた女が埋まったので、人夫を使って掘り出した。それより、この井戸を釣川にした」とあるのは、ウリカーからチィンナーカーへの転換を伝えるものであろう。

例話では、井戸発見の伝承と名称の由来について語られている。鳥や犬や牛が井戸を発見したという伝承は奄美や沖縄本島および先島諸島などにあるが、中でも犬が最も多い。うるま市伊計には「犬《いん》名川《ながー》」と呼ばれる井戸がある。また竹富島の仲筋井戸も、犬が発見したということから、かつては「犬の井戸」と呼ばれていた。石垣島の大川村という村の名は、フガイン（黒い犬）と井戸のナーが結びついてできたとも言われている。

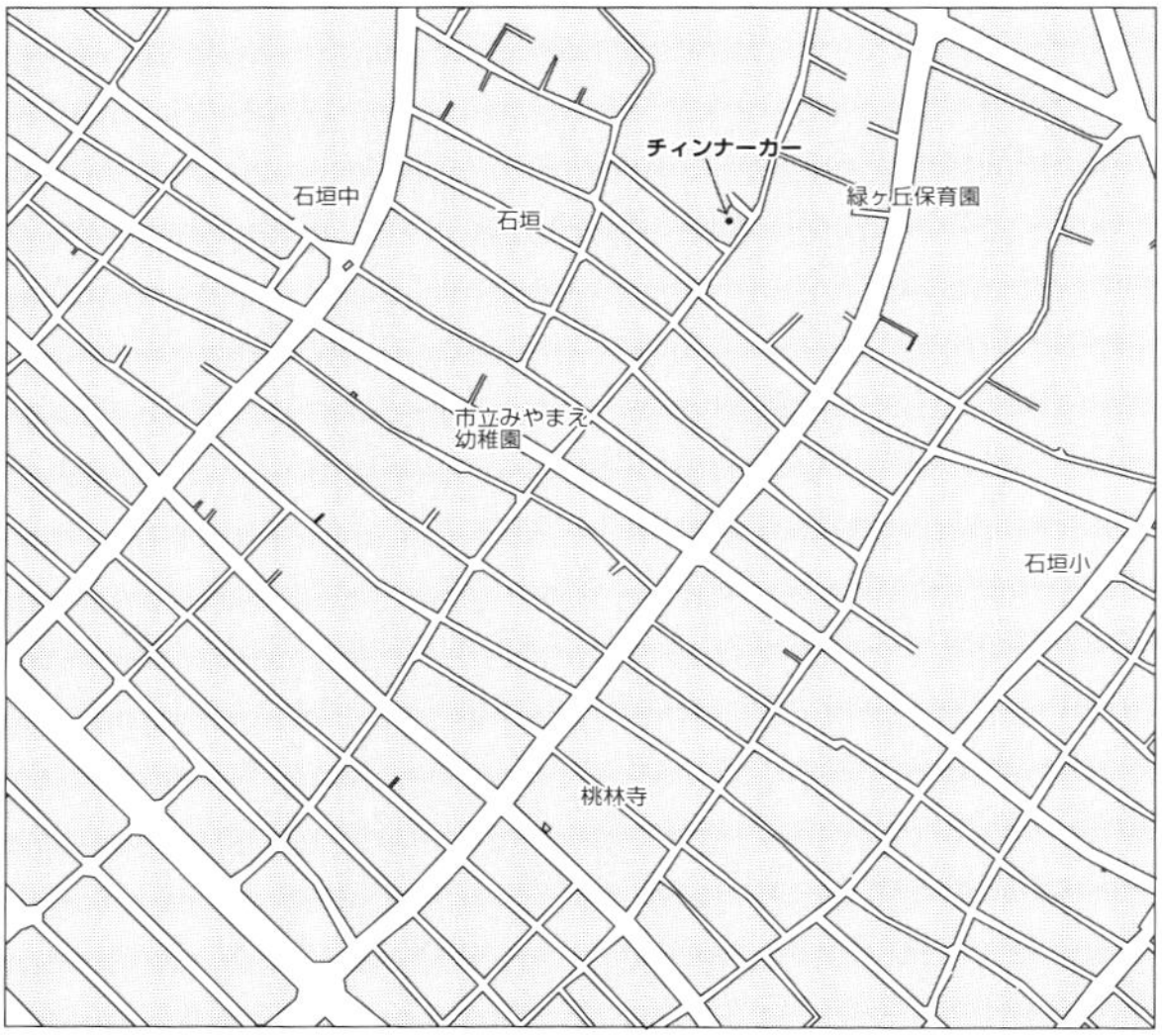

例話にいうチィンナーカーの水は飲料水に適していたので、石垣村の共同井戸として利用されていたようである。現在でも、この井戸は枯れることがないようで、機械で吸水し周辺の農耕地の用水に利用されている。

8 御神崎の黒木

昔、御神崎《おがんざき》[1]のガマ（洞穴）の中に大きな黒木[2]が生えておったそうだ。

「その黒木を必ず取って王府へ送るように」と、琉球の王府から、命令が出たらしいね。

その木は、ガマの中に生えておるので、なかなかオノも使えないし、ナタも使えない。もちろん、ノコギリも使えない所で、もうこれを切るのには非常に苦労してね。石ノミをもって、それでカナヅチでコツコツコツコツ切っておったらしい。

それが、今日切っても、明くる日切っても、その木はまた、切った皮が元通りになって付けられておる。

「これは不思議だ。こういうことがあるもんだ」と思いながら、その人はいろいろ苦労をしていた。そこでしばらく隠れて様子を見ておったら、ひどく髪の毛を振り乱した、人間か何か知らないのが来て、

「人（自分）の大切な物をこんなに切っておる」と言って、一生懸命、その切った木殻を元通りに引っ付けておったそうだ。

そこで、この人は、これは確かに神か何かの仕業だと思って、

「神様でも、王様の土地に住んでおられる。この木は、実

は王様から王府へ送るようにという命令が来ておるんで、自分はこうして切っておるんだから、どうぞ神様も自分に協力をして、この木を切って、沖縄本島の方に送らせて下さい」と、手を合わして拝んだそうだ。そして、翌日来てみたところが、珍しくその木は根元から見事に切られて、そのガマの中から、ずっと上まで持ち上げられておった。その人は、

「これは非常に有り難いことだ」と言って、この木を削って王府に送ったそうだ。王府でも、「こういう珍しい木はない」と言って、王様のトゥクブチィ(3)として使われて、現在でも王府にそのトゥクブチィはあると言うことだよ。それは、八重山から送られて来た黒木のいちばん立派な木だそうだと。

語り手　登野城　比屋根和喜

(1)　御神崎（石垣島西海岸に突出した屋良部半島の北西端の岬。風光明媚な場所で、灯台が設置されている）

(2)　黒木（リュウキュウコクタン。芯は三線の棹として最良。なお石垣市の市木である）

(3)　トゥクブチィ（床縁）

伝承の窓

宮良村の大城師番という人が飼っている赤馬が名馬であるとの噂が王府に届き、国王から赤馬の献上を命じられた話は、よく知られている。例話は、首里王府から御神崎に生えている黒木の献上を命ぜられ、なかなか切り出せないでいたが、神の援助を得て無事献上することができたことをモチーフとする。

山中の黒木は周囲の樹木に守られながら生長するが、御神崎のように、北風、また潮風にさらされる場所は、樹木の生育には厳しい環境にある。しかしそうした環境の中で琉球石灰岩に根を下ろして

生長した黒木は山中のものより上質であると言われ、現在でも三線の棹に用いるため密売者に狙われるという。

例話では黒木は御神崎のガマの中に生えていたと語られている。確かに御神崎の海岸にはホーマガマやイラブーガマと呼ばれるガマが存在する。後者は、かつては産卵のためやってくるイラブー（うみへび）を捕るためにガマの中で寝泊まりし、産卵を終えた後のイラブーを捕獲したことに由来するという。現実的にはガマの中では植物は育たない。しかし海岸から陸にあがったところには、ところどころ大きな岩が露出している。恐らく黒木はそうした岩の隙間に生えていたのであろう。斧も鉈もノコギリも使えない狭いスペースでの切り出し作業は難航したが、結局は神の援助を得て黒木は切り出すことができ、無事王府へ献上することができたわけである。

話型は「木の精の援助」に属するが、チャーギ（槙木）、ガジュマル（榕樹）、アコウ木の精について語られたものはあるが、黒木の精について語ったものは少ない。ただこれに似た話を、西表島崎山村の最後の語り部である川平永美さんは、明治の末に廃村になった鹿川《かぬか》村に一人残って住んでいたじいさんから聞いた話として、次のように語っている（安渓遊地・安渓貴子編『島からのことづて』葦書房）。要約して掲げよう。

鹿川村の後ろの崖の途中に、人が一人やっと通れる細い道があり、その斜面にりっぱな黒木が生えていた。狭くて斧も使えない場所なので、ある人が、これを倒してサンシンをつくろうとノミで根を切ることにした。半分ほど切ってその日は終え、翌日来てみると、不思議なことに切ったところはもとのようにくっ付いて、傷もない。そこでこの人は家に帰って網を作り、それを帽子のように被って切ってみた。そうしたら、翌日は半分切ったままの状態になっていたので、ようやく切り倒すことができた。それを竿にして作ったサンシンはすばらしい音が出たそうだ。

網の目を悪魔が怖がる話の一部になっているが、狭い空間に生えている黒木を切ろうとして黒木の精の抵抗にあう点に共通性が見られる。

話者の比屋根和喜さんは、御神崎に生えている黒木が上質であることを知った上で、王府への名木献上を黒木の精の話にからめて語ったのであろう。

御神崎

御神崎のイラブーガマ

9　八重山の姉妹神

昔、八重山の人とか沖縄の人は、今の中国を唐と呼んで唐旅をよくやったそうだ。その唐旅の時には、しけに遭ったり、暴風雨に遭ったりして、非常に損害が多かったらしい。

昔、兄さんが唐旅に出ることになったので、その妹は、兄さんが無事に旅ができますようにお祈りをしながら、毎日の仕事である機織りを続けておったらしい。ところが、ある日のこと、その妹は機を織りながら、珍しく居眠りをしておったらしい。家族がこれを見て、どうして今日に限ってこんな居眠りをするのかと思って、ポンと肩を叩いて起こしたらしい。そしたら、妹は、

「ああ、びっくりした。どうして私を起こしたの」と。

「実は今、兄さんが、唐旅に行っているが、沖でしけに遭って非常に苦しんでいる」と。

「私は、兄さんを助けようと口でくわえておったが、起こされて、口を開けてしまったために落としてしまった。兄さんの身になんかあったんじゃないかなあ」と、非常に心配して言うたらしい。

それは夢ではなくて、本当にその兄さんが、しけに遭って、非常に苦しんでおるところだったらしい。しかし兄さんは、しけの中でも救い出されて、命拾いして唐旅を終えて、家に帰ることができたそうだ。そのことがあって、沖縄では姉妹のことをブナリィ神(1)と言って、姉妹を崇めるようになり、姉妹の言うこともよく聞くようになったそうだ。しかし、今ではそういう意識が薄らいできておるような気がするよ。

語り手　登野城　比屋根和喜

伝承の窓

この話は、中国へ旅に出た兄が無事帰って来れたのは妹のおかげであるとして、ブナリ神を信じ、妹を崇めるようになったという内容であるが、妹が夢の中で、しけに遭って苦しんでいる兄を口にくわえて助けようとしているところを起こされ、口を開け兄を落としてしまう。妹は不吉な夢を見て兄の安否を心配するが、兄は遭難しながらも妹の祈願によって命を救われる。やや話が飛んでいるようにも思えるが、別人の語りでは、片手で兄の手を掴まえ、口で父（または弟）をくわえていたが、起こされて口を開いてしまったため兄だけが助かったという。

沖縄本島の方言で兄弟のことをヱケリ、姉妹のことをヲナリと言い、八重山ではビギリィ、ブナリィと言うが、姉妹は兄弟に対して霊的に優位性を持ち、オナリ（ブナリィ）神として兄弟を守護するという信仰が、かつて奄美諸島から沖縄諸島および先島諸島にかけて広く分布していた。例えば、旅に出る男性にその姉妹が手巾《てぃさじ》（手拭い）を織って渡した風習があり、また、出征兵士にお守りとして、姉妹が自らの髪を切って縫い込んだ千人針を渡したというのもその類である。『おもろさうし』や琉歌にもオナリ神を謡ったものが見られるが、竹富島の「ションカニ」という歌にも次のような歌詞がある。

六反帆船《るくたんぷー》ぬ　艫屋《とぅむや》ぬ頂《ちぢ》に　（六反帆船の艫の屋形の頂上に）
ちかたる白鳥《しるとぅい》　（止まっている白鳥）
白鳥《しるとぅい》やあらぬ　姉妹守《ぶなるまむ》い　（白鳥ではない、姉妹の守り神だ）

竹富島には「姉妹神と守り手拭《てぃーさじ》い」という民話も伝承されている。その話型はおよそ次のようなものである。

1. 兄が役人のお供で旅に出るため、妹は手拭《てぃーさじ》いを作って持たせる。
2. 兄は山賊に遭い殺されそうになる。
3. 兄は妹からもらった手拭いによって山賊を撃退する。

また立命館大学・大谷女子大学・沖縄国際大学が昭和五十二年に行った三大学合同民話調査において収集された、石垣島・真栄里の浦浜清松さん（明治三十八）が語った「天の川の話」は、ブナリィ神信仰をベースにしたものである。

1. ビギリィはブナリィが毎日ブー（苧麻）だけ織っているのに腹を立て、績んだブーを入れるスクイを蹴り飛ばす。
2. ブナリィは怒って家を出て、川を越えて行く。
3. ビギリィは牛馬を連れて妹の後を追うが、天の神様はブナリィをぞんざいに扱ったビギリィが川を渡れないようにする。
4. 二人は天の川の両岸に位置し、織り姫・彦星となる。

伊波普猷によって明らかにされた沖縄のオナリ神信仰は、柳田国男のいう「妹の力」とも共鳴し、かつて日本民族の普遍的な考えであったと見られている。それが後代まで沖縄には残っていたのである。

10 風邪の神の恩返し

天川の神様になった人[1]が、魚釣りをする時、石を持って来て、そこの山に、こうして置いて、「私は、今日も魚釣りに行きますから、どうぞ大漁させていただくように」と、この石にお祈りしてから出かけたそうだよ。

そしたら、また大漁でね。大漁で帰って来て、自分の家だけでは食べられないから、隣近所にあげたり、親族の人にあげたりしておったそうだ。

ある夜、漁をしに海へ行くと、風邪の神がね、舟を陸に上げていらっしゃったそうだ。

「いーよさ、いーよさ」と言って舟上げしていらしたからね、その天川の神様になった人がね、

「ああ、どうか、私にも加勢させて下さい」って。

「あんたたちは、小人数で、こんな大きな舟をあげていらっしゃるけど、私にも加勢させて下さい」って。

そしたら、この風邪の神がね、

「いや、いいです。私たちだけで陸に上げるから、大丈夫です」と言っても、

「いや、どうか加勢させて下さい」と、あんまり言うもんだから、

「それじゃ、加勢して下さい」と、一緒に舟を陸に上げたそうだ。そしたら、その風邪の神がね、

「私たちは普通の人ではないよ。人間ではないよ。風邪の神だよ」と言うたそうだ。そして、

「お礼をしたいので、あんたは早くお家に帰ってね、七五三の縄を綯って、自分の家の門口とかに下げなさい」と言われたそうだ。その風邪の神がね。すると、天川の神様になった人は、走って行っ

て、

「さあ、さあ、さあ、もう夜更けだから、夜更けだから」と、戸を叩いて、

「今、風邪の神が、この島にいらしたから、みんな七五三の縄を綯って、門に下げなさい」と言ったそうだ。そしたら、急いで注連縄(2)を綯って張った人の家には、その風邪の神は入らなかったが、「こんなバカの言うことを聞く必要はない」と言って、しなかった人の家には、もう風邪の神が入ってね、大変だったそうだ。それで、この人は、ただの人ではなく神様のような人だということがわかったそうだよ。

語り手　登野城　慶田城トシ

(1)　天川の神様になった人（天川御嶽に祀られた神。新城（弘志さん）家の祖先、野佐真という人物のこと）

(2)　注連縄（藁の根を七・五・三の順に長く出しながら左綯いした縄。沖縄本島ではヒジャイナー（左縄）と呼び、八重山ではチビナージィナまたはチビジィナと呼ぶ）

伝承の窓

八重山では、年中行事のシマフサラーの時、集落入り口にチビナージィナ（チビジィナ）を張る。また自宅分娩の時代には産室の周囲に魔除けとしてチビナージィナを張った。そうすることによって外部からの悪神、悪霊の侵入を防ぎ、安心で平穏な生活ができると信じられていた。例話はそうした注連縄（チビナージィナ）風習の由来について語ったものであるが、登野城の天川御嶽の由来の一部をなす。

集落の入り口に張られたチビナージィナ

『日本昔話通観』第26巻［沖縄］では「むかし語り」に分類され、話型は「病魔退散・報恩型」である。登野城以外の地域でも伝承され、好んで語れるが、疫病神と遭遇する場所のシンボルとして海岸近くの小岩が登場することが多い。登野城村の場合は、ハンガマイシ（釜石）と呼ばれる琉球石灰岩の小岩がそれである。現在は、八島小学校の東、ヤイトハタ養殖場の中に取り込まれている。大浜村では、大浜の東海岸南方にあるマルベー石に置き替えて語られる。

11 ヨーラサー（夜烏）の恩返し

昔、ナーマヤー[(1)]の屋敷内に、夜烏[(2)]が落ちた。その家の人が出て見たら、ケガをしていたので、「生き物は大事にせにゃーならん」と思って、親切に介抱してあげて、ケガを治してあげて、飛ばせて去らせた。その時に、この夜烏が言うには、

「ここには、必ず災難がやって来るから、臼と杵を出して、『ナーマヤーヌウイドー、ナーマヤーヌマリィピキ[(3)]ドー、ナーマヤーヌツヅドー（長間家の上だよ、長間家の血族だよ、長間家の屋根の頂だよ）』と言って、臼を三回打ったら、あなたの家は災難に遭わないから、そうしなさい」と言って、去って行ったそうだ。

月日が経って、その集落で大火事が起きたそうだ。で、起きた時に、その家の人は、あの夜烏が言うたように、

「ナーマヤードー、ナーマヤーヌマリピキドー、ナーマヤーヌツヅドー」と言って、臼を三回打ったら、その家は火事を免れたそうだ。

それで、夜烏が鳴く時は、異変が起きると言われていて、各家々では臼を出して、さっき言った「ナーマヤードー」と言うて三回臼を叩くことが習慣になったそうだ。

語り手　登野城　石垣永伯

(1)　ナーマーヤー（屋号）

(2)　夜烏（ヨーラサーと呼ばれるゴイサギ（五位鷺）のこと。夜中にカラスのように鳴くのでユーガラサー

とも呼ばれる）

(3) マリィピキ（「生まれ引き」という意味で、血縁、血族、血統のこと）

伝承の窓

集落内で火災が発生した時、八重山では「ナーマーヤードー」という言葉を発する風習がある。例話は、この火災除けの呪文の由来を語ったものである。

八重山の人々は、火事はヨーラーサーと呼ばれる鳥の仕業で、夜中にヨーラサー（夜烏）が鳴くのは火事の予兆と信じていた。ヨーラサーの正体はゴイサギと見られているが、ピーフキトゥリ（火吹き鳥）の異名を持つのは、ヨーラサーが飛びながら口から火を吹き家屋を燃やすと考えたからであろう。「ナーマヤーヌウイ」「ナーマヤーヌツヅ」というのは、そうした空から屋根に火を付けるヨーラサーをイメージした言葉である。

一般に語られる話では、ナーマヤーというのは長間筑登之《なーまちくどぅん》という人の家の屋号で、世間を惑わすとして逮捕・投獄された物知り（ユタ）は、親切にしてくれた獄丁の長間筑登之に対して「ヨーラサーになって火災を起こすが、あなたやあなたの親族の家には火を付けない」と約束して死ぬ。それで大きな声で屋号を言い、臼で所在を知らせ、火事を免れることができたという。なお、長間筑登之《なーまちくどぅん》なる人物については、大川村の長間家の先祖という伝承もある。

例話では、長間家の人がケガをして飛べずにいたヨーラサーを介抱し助けたことにより火災を免れる方法を教わる、鳥の報恩となっている。

12 牛馬祭《うしぃんままつりぃ》の由来

明治の二十七年。当時は、牛馬は家では飼育しないで、野原に繋いでおいたんだ。ちょうどあの頃はね、風土病があってね、もう牛馬が倒れていくんだ。ところが新川のフータキヤー(1)の牛馬だけは、もうこんな病気にもかからないで健在だ。

それをね、村人は不思議に思って、

「なぜ、あんたのところの牛馬だけは、こんなに健在か」と尋ねたらしいよ。そしたら、

「私の家は、白若原《しらばかばる》(2)にある田圃の石門のところに碑を建立して、毎年旧暦九月の己丑《つちのとうし》の日に牛馬の無病息災の祈願をしておるよ」と。そこでね、新川の人は、

「個人でもこういう風にして、自分の牛馬を守っておるんだから、部落としてもやろうではないか」ということで、石碑を建立して祈願を始めたのが明治二十七年。場所はジィーダカというムリィ(3)。その後、二転三転して、現在はフックンニ(4)にこの碑を移して、ここで毎年、己丑に牛馬祭をやっているんだ。

語り手　新川　入嵩西清佐

注

(1)　フータキヤー（大嵩家の屋号）

(2)　白若原《しらばかばる》（新川村の小字名）

(3)　ムリィ（こんもりと盛り上がった地形。小高い丘）

(4)　フックンニ（ここでは南《ハイ》フックンニのこと。現在の牛馬の碑は、新川二二五二‐四番地の「ムイのヤド」の側にある）

伝承の窓

八重山には、「牛の御嶽《うしぃぬおん》」と言って牛馬の無病息災、繁殖を祈願する御嶽がある。石垣島の登野城・大川・石垣・白保・伊原間、竹富島でその所在が確認される。祭祀は男性だけで行われ、ツカサも男性がつとめる。大浜では「カンド願い」と言って、カンド原《ばる》（集落の北方一帯の小字名）の拝所で牛馬の繁盛祈願が行われる。

新川では一八九四年（明治二十七）から村の行事として「牛馬祭り」を行っている。最初に行われた場所は、ハンナーカーの南西にあったジィーダカと呼ばれていたムリィであったが、村から離れているということで、その後、一九二五年（大正十四）に、西《いーり》チィンマーセーの東方、かつて馬場のあったところに移動した。その時、ハンナーカーの近くのシィサシィクムリィから運んできた石（チャート）で石碑を建てたという。しかしその場所に沖縄赤十字福祉病院八重山分院が建設されることになり、一九七一年（昭和四十六）に現在のハイフックンニの場所に移転している。元病院跡の、かつて牛馬碑があった所には一本の大きなガジュマルの木が生えており、その根元付近に、当時の石積みの一部が残っている。現在、牛馬祭りが行われているハイフックンニには、上から見て凹状にブロックを積み、その中に敷き詰めた砂利の上に、「牛馬之碑／字新川」と書かれた碑が立っている。その石は前の場所からのものというが、もともとは文字はなかったようである。

新川の牛馬祭は、伝承によると、ある年に疫病がはやり、村の家畜が次々死んでいったが、フータキヤー（大嵩家）の牛馬だけは全く被害に遭わなかった。不思議に思った村人が聞くと、フータキヤーでは日頃から牛馬の繁盛を祈願していたことがわかり、それから村ぐるみで祈願するようになったという。

大嵩家は新川でも有数の一族で、フータキヤーヌオン（大嵩家の御嶽）・シーヌオン（後の御嶽）という二つの御嶽は、大嵩一族のいわゆる氏《うじ》御嶽《おん》で、大嵩家の兄弟が唐旅をした時、その妹が無事平安を祈願した場所であった。ここにも9「八重山の姉妹神」で触れたブナリィ神信仰がみてとれる。

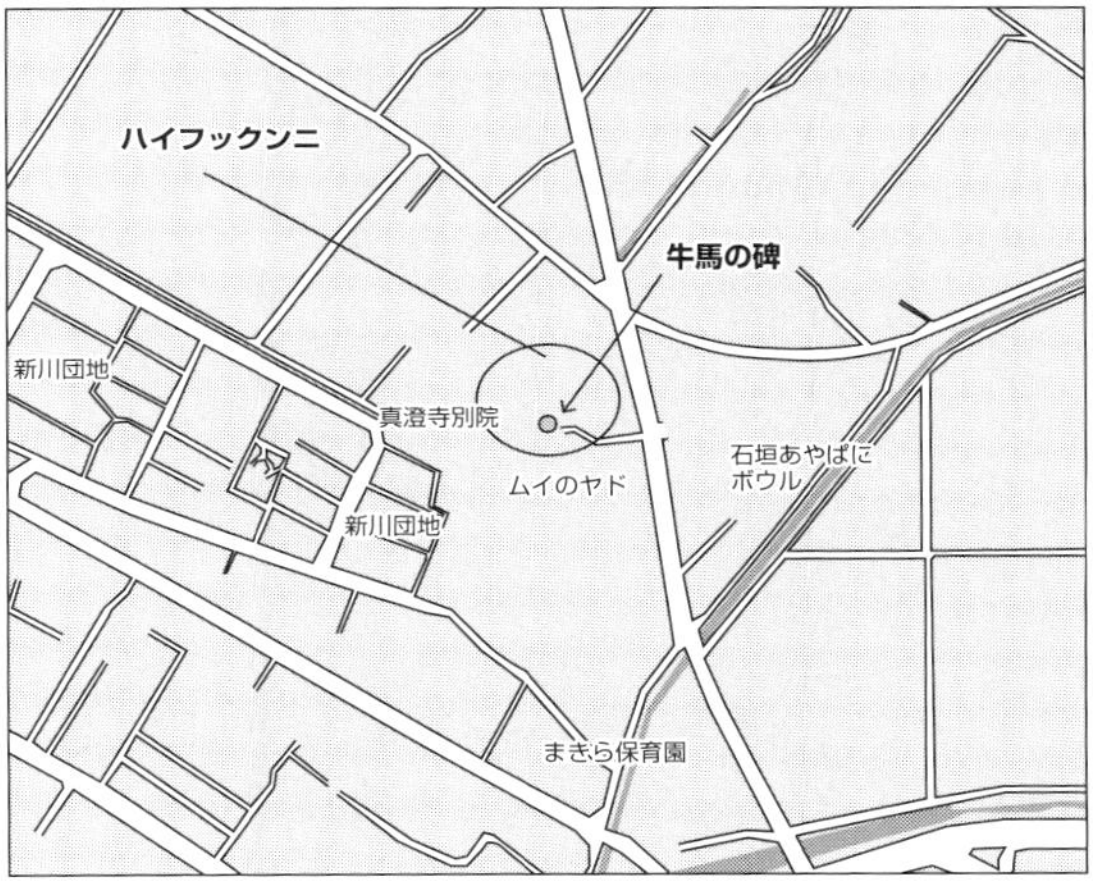

ハイフックンニにある現在の牛馬の碑

13　南《はい》ヌ島《しいま》カンター棒の由来

三名の中国人が流されて来たって。一人はウチの祖先のデッテー。

デッテーという人は平久保で猪を捕って生活しておったらしい。猪を自分だけ食べてはもったいないからと、石垣の頭《かしら》(1)の人にシシ肉をあげたらしい。そしたら、この肉を食べた石垣の頭《かしら》の人は、

「あんたは毎日食べているようだが、どんなにして猪を捕っているのか」と聞いたら、

「そんなものは簡単だ」と。

「じゃあ、生け捕りにして見せてくれんか」ということになったらしい。そして、このデッテーは猪を生け捕りにして、股乗りして耳をつかまえて、石垣の頭《かしら》の人の前に来たらしいですよ。そしたら、

「この人間はただ者じゃないなあ。すばらしい人間だなあ」と。

「あんたはあんな遠いところにおらんで、街中に来て村のことをしてくれんか」と言われたそうだ。で、今の桃林寺(2)あたりがあの頃の中心地だったらしい。それで、

「あの辺りの土地を、あんたにあげるから、住め」と言われたそうだ。

「いや、自分は島流れ者だから、街中は嫌だ。街外れの土地を下さい」と言って、今の、現在の新川の何番地かな、今の御嶽(3)があるでしょ。あそこの東から西をもらったらしいですよ。それから唐真家が発展したようだ。

そして、観音堂(4)のところで、船が遭難した時に、デッテーという人が観音堂の前の井戸から水を汲んで飲ませて、そして助けてあげたって。そしたら、一年後にその難破船の人が来て、観音堂の

浜で棒を打って見せたらしい。恩返しの棒を。それを受け取ったのがデッテーという人で、すばらしい棒だから唐真家の宝物にしようと保存しておったそうだ。これをまた子や孫が受け継いでいたが、唐真家だけの宝物では申し訳ないということで、部落全体のものへとなるわけさ。

語り手　新川　唐真清昌

（1）石垣の頭《かしら》（首里王府時代の八重山は三つの間切（石垣・大浜・宮良）から成っていたが、各間切の長が頭。八重山士族の中から選出され、位は親雲上《ぺーちん》。その邸宅を殿内《どぅんち》と言った）

（2）桃林寺（石垣市字石垣二八五番地にある臨済宗妙心寺派の寺院。一六一一年〈慶長十六〉の創建）

（3）御嶽（トーヤーオン。唐真家一統の氏御嶽。新川二四四の一番地にある）

（4）観音堂（冨崎観音堂のこと）

伝承の窓

南《はい》ヌ島《しぃま》とは南方の島の意味。カンターとはざんばら髪の「かつら」のことである。したがって、南ヌ島カンター棒とは、南の島の、かつらを被った棒踊りという意味である。白いズボンと白い襦袢、赤い脚絆にワラジを履き、赤タスキをかけた背中にパンの木の葉を象った厚紙を背負い、真っ赤に染めた植物繊維のかつらを被る。こうした衣装を着て六尺棒を持った男子が数十名一組となり演ずる。新川のこの棒は伝来当時の形を留めているといわれ、一九九〇年に石垣市の無形文化財に指定された。

この棒は現在、新川字会が保存・継承しているが、当初は新川の唐真家の本家において代々受け継がれてきたものである。語り手の唐真清昌さんは分家筋にあたる方であるが、母親から聞かされたという例話は、唐真家の先祖の話とカンター棒の由来から成る。

唐真家の先祖については、元祖はデッテーという中国人であるという。伝承では、今からおおよそ三〇〇年以上前、その才能を疎まれて流刑された三名の（二名ともいう）中国人が観音崎に漂着したので、当時の石垣間切の頭は、石垣島北端の平久保、西表島の古見、八重山最南端の波照間島に、それぞれ引き離して住まわせることにした。平久保に行かされた人がデッテーである。彼は、猪の肉を頭《かしら》に献上したことがきっかけで平久保から島の南部に呼び寄せられ、新川の西はずれ、現在の唐真本家の周辺一帯の土地を賜る。近くのスクマムリィには、唐真家一統の氏御嶽であるトーヤーヌオン（唐屋の御嶽）があり、自然石をイビとして拝んでいたが、昭和五年に祠と「唐真家報祖の碑」が建立された。また明治の頃に掘りあてたという井戸もあり、唐真家の親族では年三回、御嶽と井戸周辺を清掃した後、御嶽境内で懇親会を持っている。唐真姓は石垣市新川に多いが、わざわざ唐の字を用いているのは唐人デッテーの子孫であることを意識したものであろう。

カンター棒の由来については、新川に住むデッテーが、ある年、観音崎で難破した船の乗組員を介助したことがきっかけで、それから数年後、彼等は再び観音崎を訪れ、お礼に棒踊りを披露したという。これをデッテーが教わり、子孫に伝えたのが「南ヌ島カンター棒」であると伝える。

唐真家の本家では、毎年、子や従兄弟を集めて、庭のマイグスク（ヒンプン）の周囲を廻りながら棒を打っていたという。その後、一七五七年に新川村ができたのを機会に、これが新川村の芸能として保存・継承されることとなり、橋や御嶽の落成式などの時に披露されてきた。戦後は、一時期途絶えていたが、一九六一年の石垣小学校創立八十周年記念式典で復活されたのを機に、最近は大きなイベントなどの時に演じられている。このカンター棒を演じる時は、必ず唐真本家の仏壇のデッテーに手を合わせる習わしになっているという。

南ヌ島カンター棒（石垣市教育委員会提供）

唐真家報祖の碑

14 冨崎の絵描きと人魚

石垣島の冨崎[1]、今、観音堂[2]がある所だ。その冨崎に、昔、絵描きが住んでおったそうだ。この絵描きは、そこに小さな家を建てて、島のいろいろなものを描いておったんだが、愛人として、竹富に住んでおる女がおった。

この女はたいへん泳ぎが上手でね、干潮の時に、よく竹富から冨崎まで泳いで渡って来て、逢い引きをしておったそうだ。

ところが、ある日、この絵描きの所へ、非常にきれいな女が現れて、絵描きが描いている絵を見ているうちに、次第に仲良くなって、とうとうこの女と関係ができてしまったそうだ。ところがこの女は人魚の化身であったそうだ。

それで、ある晩、その美女が現れておる所へ、竹富から例の女が、泳いで来てね。その現場を見てしまったと。それで、怒ったその愛人は棒きれを持って、その女を叩き殺してしまった。そうすると、まもなく大津波が寄せて来て、その人も家もみんな流されて、行方知れずになったしまったと。こういう話がある。

語り手　登野城　牧野　清

（1）富崎《ふさき》（名蔵湾の南端の湾口をなす岬から観音堂を含む一帯の子字《こあざ》）

（2）観音堂（一七〇一年頃の創建と言われる。当初は水岳《みずだきぃ》の西方、三和《みわ》集落の北のカヤンニにあったが、そこから新川のフックンニに移転した。その後、桃林寺の義翁長老が海上安穏祈願のため経塚を立てたことを契機に、一七四二年、現在の場所に移転した）

伝承の窓

一七七一年（明和八）に八重山・宮古諸島を襲った未曽有の津波は、今でも陸地に残るいわゆる津波石によって、その事実を実感できる。そして人々の間では津波の記憶を呼び戻す伝説を生み、それが語り継がれて行った。津波に関する伝説の中で人魚との関係を語るものが多い。最も良く知られているのは野原崎の人魚伝説で、捕まえた人魚が「助けてくれたら海の秘密を教える」と言ったので、海に放したら、いついつ津波が来ると教える。それを聞いた漁師たちは山に逃げて助かるが、そのことを白保村の役人に伝えたら一笑に付され、結局、多くの人が流されて死んだというもの。

また西表島と黒島では、人魚（イルカ、フカとして語る）を捕らえ、肉の一部を切り取って、残りは火あぶりにしている時、海神が現れて「どうしたのか」と尋ねると、人魚は「この通り、大変な目にあっているので波を起こして助けて欲しい」とお願いする。すると津波を起こして人魚を助けるという伝説がある。宮古島市伊良部にはこれとよく似た「ヨナイタマと通り池」伝説がある。

例話も、人魚と関係する津波伝説である。男女の三角関係のもつれをからめているが、人間に殺された人魚の化身が報復として津波を起こしたというもので、この種の話は他に聞くことがない。

語り手の牧野清さんは、郷土史家であり、八重山地方を襲った明和の大津波研究の第一人者である。著書『八重山の明和大津波』には、氏が収集した津波に関する伝説が紹介されているが、例話は収められていない。牧野さんは語り初める時、「この話は喜舎場永珣先生から聞いた話である」と言っている。

舞台となった冨崎の地には、もともと集落はなく、石垣村と登野城村の人々が通って耕作をしていたようだが、一七三八年に、蔵元から首里王府に対して、石垣村と登野城両村から六〇〇人ほど分けて新村を建てて欲しいと申請したことが『参遣状』という史料に見える。大津波はこの村建て申請の三十三年後に起きているが、「大波之時各村之形行書《なりゆきしょ》」によれば、冨崎の地にも二丈九尺八寸（約八・二メートル）の高さまで潮が揚がったと報告されている。

大津波の後、冨崎の地に竹富島から男二四七人、女二七六人、合計五二三人を寄百姓して冨崎村が創設されている。冨崎と竹富島とはわずか六キロメートル余しか離れておらず、かつては干潮時には舟を使わずとも渡れたというから、竹富の女性が泳いで渡ってきたというのも全くの空想ではないかも知れない。また絵描きは蔵元絵師の存在を連想させる。こうしたことから例話は、歴史的な知識と下世話のおりなす異色な津波と人魚伝説であると言えよう。

15 アカマラーグムリィの人魚

八重山の名蔵湾[1]のずっと奥の方によ、島の近いところに、アカマラーグムリィ[2]という名前の、ドブみたいなところがある。その深さは、四十間か五十間[3]もあるらしい。この湾の内陸部にね、シーラ[4]という田圃がある。

昔、ある人が、あのシーラの田圃でアカマラー牛[5]を使って、田圃を耕しておったそうだ。

ところが、相当時間が経ってからよ、あの田圃から沖を見るとね、その日に限って潮が引いて、カラカラになっているところに、大きい物が横たわっていたそうだ。

「おかしいねえ、何があるかなあ」と言って、その海に下りたんだそうだよ。下りて見ると、それはザンという人魚だったそうだ。あれが寝ておる時に潮が引いて、泳いで沖に出ることができないでおった訳だな。

「珍しいねえ。こういう大きい動物も海にはおるもんだなあ」と思ったが、これはどうしても、自分の手では揚げることはできない。あの田圃で使っているアカマラー牛さね、あの牛を連れて来て浜に引っ張り上げて、そして、みんなに知らせて食べようという考えさね。

そこで牛を連れて来て、この人魚の尻尾をピシャッと葛《かずら》で括って、牛に引かしてよ、浜に揚げようとしたそうだ。その時に、人魚は目覚めて、起きたんだな。起きてプカッと浮いて泳ぎ出したそうだ。ところが、アカマラー牛は人魚ほど力が無くて、沖の方に引っ張られてよ、沈んでしまったらしいね。海は深いでしょう。深いから、沈んだきり、この牛は出て来ない。主は側に立っていてよ、

「ああ、自分の牛も無くなして。ああ、残念だ、残念だ」と言っても、牛はいっこう上がって来ん。そして、それっきりこの牛もいなくなってしまうし、

「ああ、残念だ、残念だ」と言ってもおっても、出て来ないと。

それで、アカマラー牛を飲み込んだので、そこをアカマラーグムリィと言うようになったそうだ。

語り手　新川　石川正松

(1)　名蔵湾（石垣島の西南岸、冨崎〈観音崎〉と屋良部半島に囲まれた湾。湾口は約六キロメートル、湾奥のシィーラ浜までの湾入は約五キロメートルあり、石垣島で一番大きな湾）

(2)　アカマラーグムリィ（名蔵湾の北隅、シーラ田の南方に位置する裾礁の広大な窪み。大潮の干潮時でも潮が引かない）

(3)　四十間か五十間（一間は一・八一八センチとして、約七三メートル〜九一メートルの深さになる。なお深さは本来尋《ひろ》で表すのが一般的であった）

(4)　シーラ（シーラ原《ばる》。名蔵湾奥の内陸部の田地と山林地帯を含む一帯の地名）

(5)　アカマラー牛（飴色〈透明な暗黄色〉の牛）

クムリィという方言は、陸地にあっては沼を言い、海にあっては潮溜まりを言う。前者の例としては23「兄弟の仲直り」に出てくるイキドークムリィがあり、後者がここでいうアカマラーグムリィである。ただしこの名称については、宮良当壮『八重山語彙』には、アカマラーン・グムリィとあり、喜舎場永珣『八重山民謡誌』もアカマラン・グムリィと記している。アカマラン・グムリィは八重山民謡「赤馬節」で知られる赤馬伝説とも関わっている。それは次のようなものである。

伝承の窓

宮良集落に住む大城師番という人が、川平湾を望む高台にあった仲筋村から帰宅する途中、名蔵のシーラ原にさしかかった時、名蔵湾のアカマラン・グムリィのところから上陸した赤馬が師番の側に近寄って来たので、家に連れて帰り飼育することとなった。その赤馬が名馬であるという名声は首里王府まで届き、国王は赤馬の献上を命ずる。ところが首里城に連れて来られた赤馬は誰にも馴れず暴れ馬と化したため、国王は師番を呼び出す。死を覚悟して登城した師番だが、国王の目の前で師番が赤馬に乗ると、赤馬はかつての名馬ぶりを発揮した。それを見た国王は馬と飼い主は一体であるべきだと赤馬を師番に返した。

このようにアカマラン・グムリィは赤馬に由来するものとなっている。

ところが語り手の石川正松さんは、同じ場所をアカマラー・グムリィと呼んで、その由来について語っている。アカマラーとはアカマラー牛のことで、そのアカマラー牛が大きな海の生き物ザン(ジュゴン)に引きずり込まれたクムリィということでアカマラーグムリィという名が付いたという。

アカマラー牛を使っていたシーラ田はクムリィの北方に位置し、三角形の形をしたウッチャン岳の南西に広がる水田である。海に近く、それほど標高差はないのでアカマラー牛を海岸まで連れてくることは容易であっただろう。八重山の古謡には「ザン捕《とう》りぃユンタ」があり、その内容は、若者が山に入ってアダナシ（アダンの気根）を切って干し晒し、皮を剥いで網を作る。網を舟に積み込みザンを探していたら、潮が引き、隠れていたザンのつがいが見つかった。それを網で舟に引き上げて海岸に運んだ、というものである。

小浜島の「南《ぽい》さこだ浜ジラマ」には、貞操観念のない女性を卑下する比喩的表現として「珊瑚礁上に乗り上がったザンのように」と謡われている。このようにザンは潮が引く時に沖に出れずに珊瑚礁に取り残されることがあったようで、例話も、そうしたザンの習性を背景に持つ。また、ザンを引き上げ皆で分けて食べようと欲を出し、アカマラー牛一頭を失い後悔するという結末には、教訓的な意味あいも含まれていよう。

名蔵湾のアカマラーグムリィ

16 ツクグルに滅ぼされた村

野底の吹通川《ふきどうがわ》(1)という川の近くにね、昔、村があったそうだ。村があって、そこに御嶽のツカサが住んでおった。ツカサというのはね、御嶽の神に仕える人のことだよ。

どういう訳か知らないけれども、その村ではね、ツカサを大変いじめていたらしい。いじめてね、とうとういじめ殺して。で、これを吹通川の川岸に棄てたということだ。

そうすると、その晩、ツクグル(2)の群れが村を襲って、家に入り込んで寝ておる人々の目をえぐって喰ったということでね。この村では暮らしてはいけないと、みんなそこから逃げてしまったという話。

語り手　登野城　牧野　清

(1)　吹通川（フキドーカーラ。「八重山島由来記」には「富慶堂川原」と見える。於茂登山系の一つ野底岳の南方を水源とし、北西に流れ、伊土名《いとな》集落の北東五〇〇メートル付近のフキドー浜へ注ぐ）

(2)　ツクグル（一般にはふくろうの意味。ここではフクロウ科のリュウキュウコノハズクのことで、八重山の方言ではマヤツクグルと言う）

伝承の窓

恨みを抱いて死んだ人が、鳥になって報復する話は「ヨーラサーの話」にも出てくる。世間を惑わす者として捕えられた「物知り」が獄中で拷問を受けて死に、ヨーラサーになって村に火を放ち、人間に復讐をするというものである。ヨーラサーはゴイサギのことであるが、夜中にカラスのように鳴くのでユーガラサー（夜烏）とも呼ばれた。この鳥が鳴くと火事や不吉なことが起きると言われた。

闇夜に光る不気味なまん丸い眼と、夜中に鳴く薄気味悪い鳴き声のせいであろうか、八重山では、ツクグルも忌み嫌われる鳥である。ツクグルは冥土の使いで、家の近くで鳴くとその家に死人が出ると言われた。

例話は、御嶽のツカサが村人に殺されたため、ツクグルが仲間を誘い、村人に報復をするというものであるが、ツクグルは、本来、人を攻撃することはなく、また集団行動を取ることもないが、この鳥がこのような形で語られるのは、ツクグルが冥土からの使者という考えがあったからであろう。

例話に言う吹通川の近くにあった村と言えば、想起されるのは野底村しかない。一七三二年（雍正十）に、黒島から、いわゆる道切り強制移住によって新たに建てられた村である。その悲劇を象徴するものとして「野底マーペー」の由来伝承があることはよく知られている。しかし野底村は人口がだんだん減って行き、ついに一九〇四年（明治三十七）には廃村になった。

例話のように、ふくろうが村を滅ぼした話は西表島にもある。それは次のような話型である。

1. 西表島の祖納村の大竹祖納堂儀佐という人が与那国島を征伐して帰ると、殺された人々はチコフー（リュウキュウコノハズク）になって群れをなし祖納村に仕返しにやってくる。
2. 儀佐は呪文を唱え大風を起こし、チコフーの大群を南の方へ吹き飛ばす。
3. チコフーの大群は、崎山半島南岸のピラドー村を襲い、人々を食い殺してしまう。

野底村の御嶽

4．一人の老婆だけは、土鍋を被り、土鍋のかけらをチコフーに投げつけて殺し、助かるが、村には人がいなくなり滅んだ。

ピラドー村が首里王府によって建てられた村であったか記録はないが、ふくろうが廃村との関係で語られている。しかも殺された人間がふくろうとなって復讐のため村を襲い、廃村に追い込むという結末も似通っている。

近世に首里王府の政策によって強制的に人々を移住させて村建てされた村の多くは、過酷な開墾労働とマラリアによって、人口が減り廃村の憂き目にあった。冥土の使いのふくろうが登場するのは、廃村を人間の死にたとえたからであろうか。

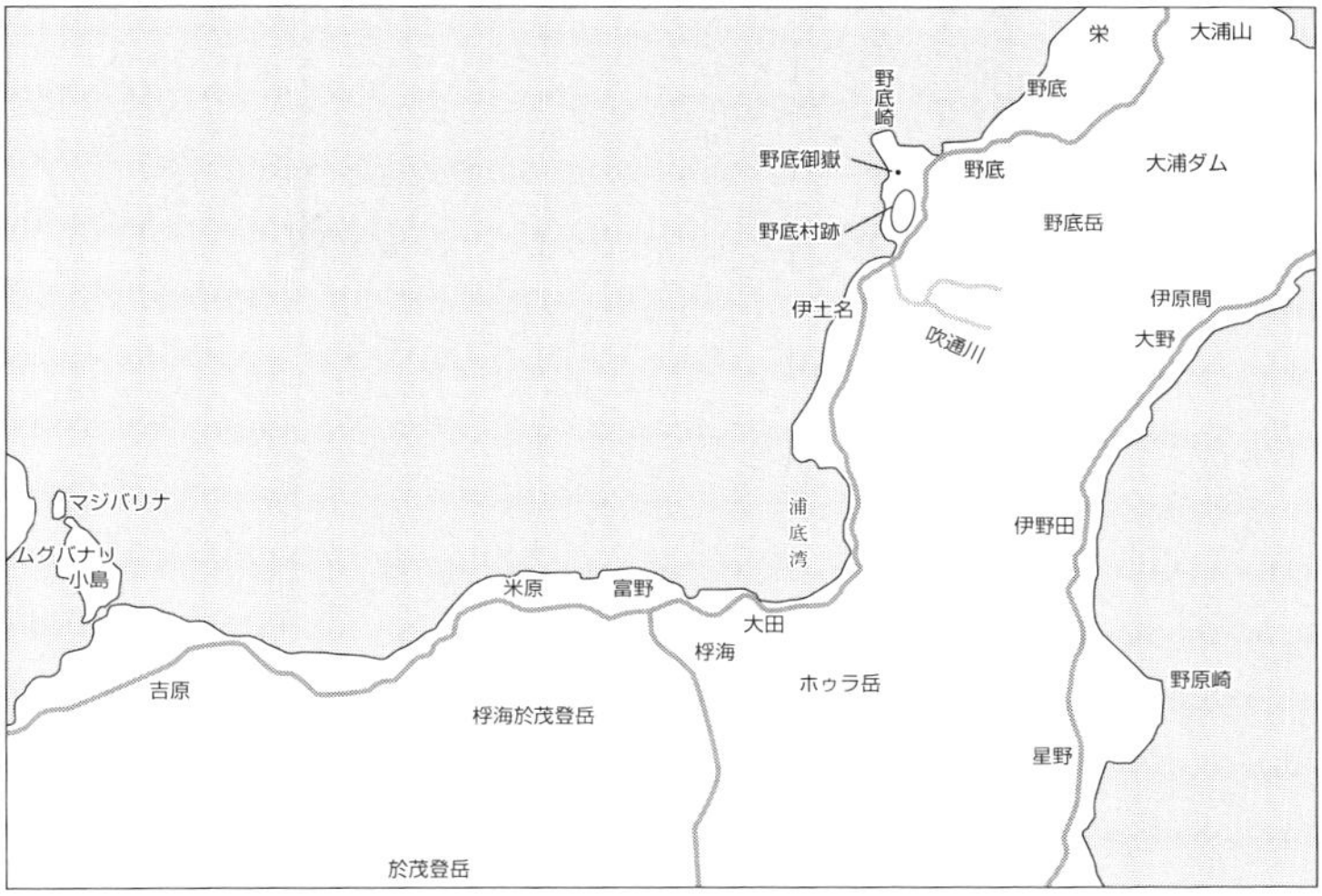
栄
大浦山
野底崎
野底
野底御嶽
野底
大浦ダム
野底村跡
野底岳
伊土名
伊原間
吹通川
大野
マジパリナ
浦底湾
伊野田
ムグパナリ小島
米原
富野
大田
桴海
吉原
ホゥラ岳
野原崎
桴海於茂登岳
星野
於茂登岳

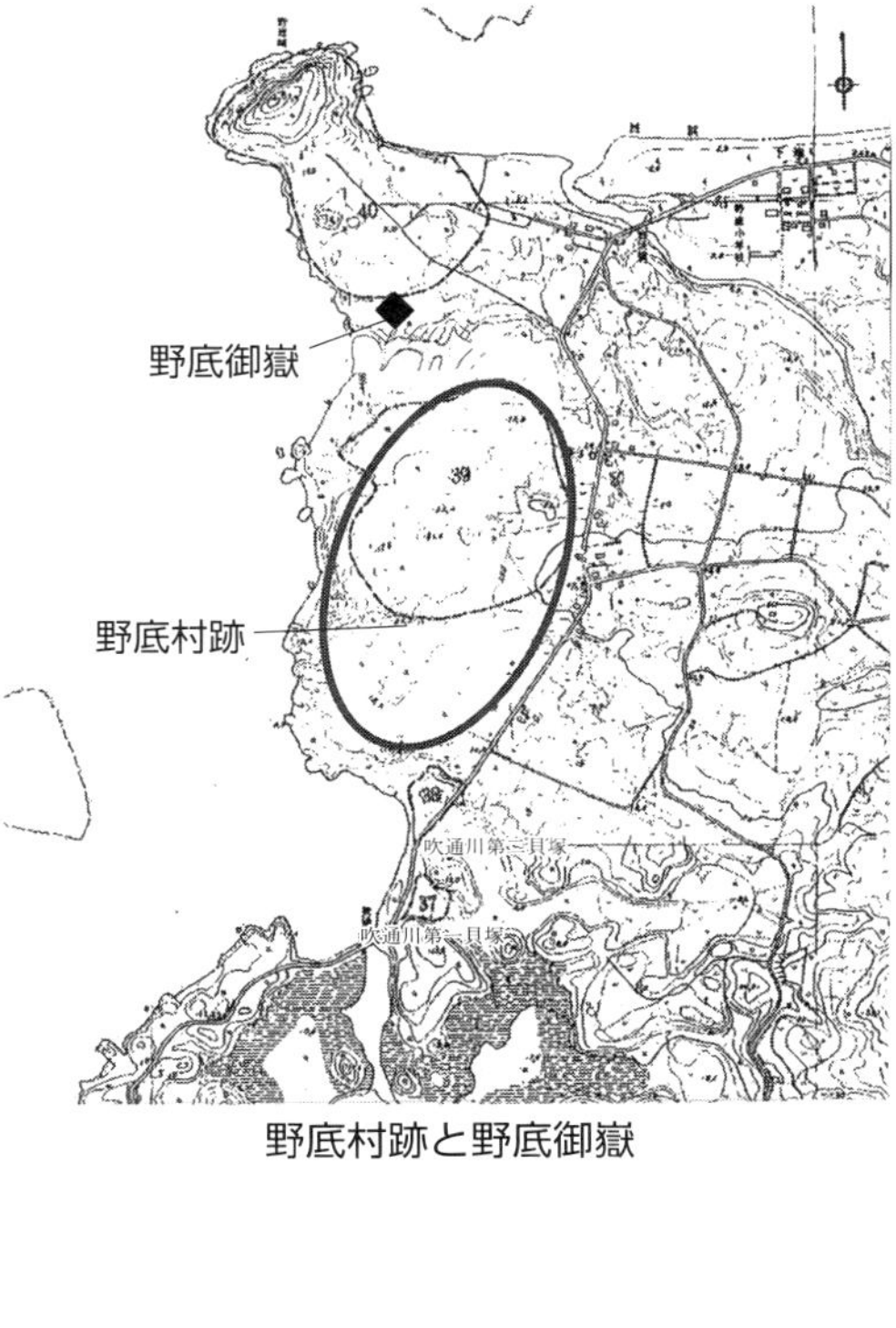
野底御嶽
野底村跡

野底村跡と野底御嶽

17　大力とフツクニムリィ

昔、大力《だいりき》がこの島におり、石垣島の西の崎枝村(1)から、崎枝村の土を大きなモッコ(2)に乗せて、約二十キロぐらいある今の石垣市に、何らかの目的で、担いで持って来たそうだ。大力が、今で言えば億キロ近い大きな重さの物を、鉄の棒で担いで来たところが、村に入らないうちに、村はずれの田圃の二、三百間近くで折れてしもうたらしい。折れて、土がモッコからはみ出てしもうて、誰もこれを担ぎきれないでね。そのまま何千年もの間、十四、五メートルくらいのムリィになってね、今だに珍しい地形になっている。

そこだけに二つのムリィがあるのは、昔、大力が、西二十キロぐらいのところから、その間は無事に担いで来たが、疲れたのかどうか、分からないがね、担いだ棒がね、力尽きて折れてしもうたからだそうだ。そういう話。

語り手　新川　嵩本正宜

(1)　崎枝村（首里王府によって屋良部半島の入り口付近に建てられた村。石垣間切に属した）

(2)　モッコ（方言でアウダという。藁縄で作る運搬道具）

伝承の窓

ある山が巨人によって造られたという由来伝説は世界各地に存在する。日本でも、ダイダラボッチという巨人や大人弥五郎によって造られたという山や沼などの地形由来伝説がある。例えば、ある山の由来は、ダイダラボッチが土を運んでいる時、モッコの綱が切れて、中の土がこぼれて山となったという類の話である。

例話は、これとよく似た話である。石垣市新川の西はずれに、道（現在は県道七九号）を挟んで南北双方にそれぞれ小高い丘（ムリィ）があり、北側の丘をニシィフックンニ、南側をハイフックンニと呼んでいる。それは力持ちの大男が二十キロ離れた崎枝村から土を運んで来る途中、棒が折れて、左右のモッコの中の土がこぼれてできあがったものだと言う。

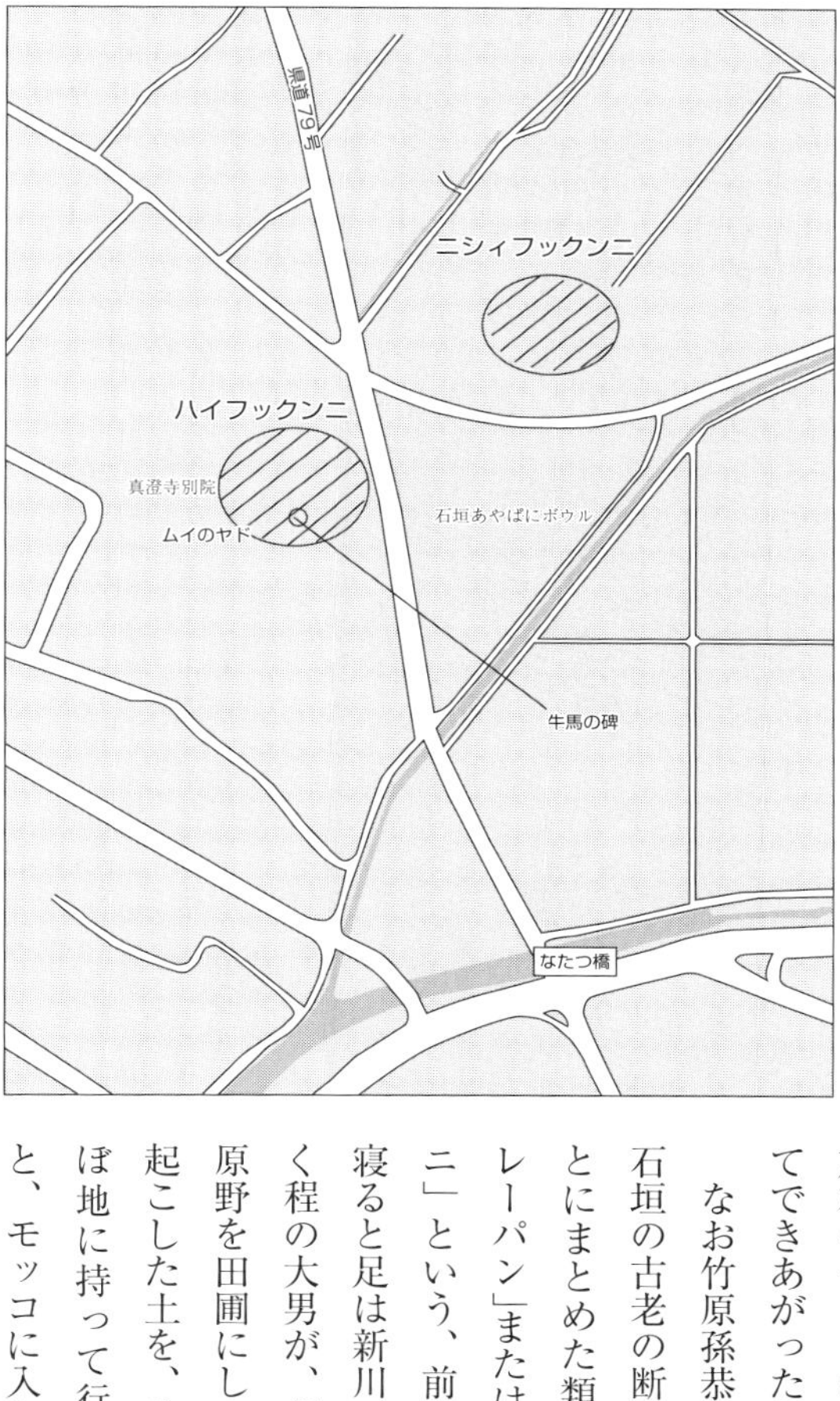

なお竹原孫恭さんが、大川や石垣の古老の断片的な記憶をもとにまとめた類話では、「アーレーパン」または「アーレーシィニ」という、前勢岳を枕にして寝ると足は新川の前の浜まで届く程の大男が、新川村の背後の原野を田圃にしようとして掘り起こした土を、前勢岳の西のくぼ地に持って行って捨てようと、モッコに入れて運ぼうとし

ている時、担い棒が折れて、モッコの中の土がそのまま道の南と北に大きな丘となって残ったのが今のフックンニであるとしている。

戦後、畑にするため土は削られ、昔の面影は無くなっているようであるが、現在でも地形的な盛り上がりは確認できる。ハイフックンニは字新川の「牛馬の碑」が移転されたところでもある。

ハイフックンニ

ニシィフックンニ

18　浜下りの由来

昔、あるところに、きれいな女の人が、美人がいたそうだ。そして、この女のところに、男の人が毎晩やって来たそうだ。この男がどういう人か分からないので、年寄りに、

「こうこうして、自分の家にきれいな男の人が来ては帰り、来ては帰りするけれど、どこの誰だか分かりません」と、その女の人は言うたそうだ。そしたら、

「どこの誰だか分からなければ、その人が帰る時に針に糸を通して、その人の着物に、糸をつけて帰しなさい。そして、その糸を辿《たど》って行ったら、どこにおる人か、どういう人か分かると思う。そうしなさいねえ」と。

この年寄りに教えられて、翌日、その糸を辿って行くと、ガマ（洞穴）の中に通じており、その男は、人間ではなくて、蛇であったそうだ。それで、

「まあ、どうしたらいいかしら。こんな蛇の子を妊娠してしまった」と、この女は心配して、また年寄りのところに物習いに行ったところ、

「それでは、三月の節供にお餅を持って、浜に下りて、あの岸に渡り、この岸に渡ったりすれば、蛇の子であれば、きっと下りるから、流産するから、そうしなさい」と、教えられたそう

だ。
その女は三月三日に浜下りをして、教えられた通りあっちの岸、こっちの岸に渡ったところ、蛇の子は流産したそうだ。
それで、三月のお節供は、女は必ず海に下りるというて、八重山ではどこでも、浜下り(1)して遊ぶことになっているよ。

語り手　登野城　内間ヨシ

(1) 浜下り（災厄を祓うことを目的に、家族または村びとが浜辺に出かける行事。旧暦の三月三日に行われるのが一般的であるが、鳥が家の中に入った時にも行われた。三月三日は八重山ではサニジィと言い、蓬《よもぎ》で菱形の餅やご馳走を作って浜に行き、潮干狩りをして楽しんだ）

伝承の窓

わたくしどもは、自然の顕地帯に生息する蛇体に対して、古い時代より畏怖すべき存在と観じてきた。それは農耕を営む人間にとって、豊かな収穫をもたらす聖なる水の主とみてきたからである。その聖なる水の主とそれを仰ぐ人間（女）との婚姻をテーマとする昔話の一つが「蛇婿入り」であった。それは当然、幸福な結婚に至るはずである―たとえばその氏族の始祖・英雄の誕生を説く「蛇婿入り」の物語がそれである―が、自然と人間との関係の変化は、その婚姻は破綻するものと観じるに至った。蛇体を水の主と仰ぐ信仰の後退である。

その「蛇婿入り」の昔話には、蛇体が美しい男に変じて、村の娘のもとを訪れる苧環《おだまき》型（針糸型）の伝承と、田に水を引くことの約束を果たした後に、蛇体が羽織り袴で娘の家を訪ねてくる水乞型のそれとがある。それぞれの叙述の話型をあげてみる。

〈苧環型〉

1．未知の男が娘のもとに毎夜通ってくる。親の助言によって、娘はその針に苧環《おだまき》（玉のようにまるく巻いたもの）の糸を通して、男の着物に刺しておく。

2．親または娘自身がその糸をたどって行く。糸は淵（洞穴など）の中に入っている。

3．娘が訪ねてきたことを告げると、針で傷ついた蛇があらわれ、自分が死ぬが生まれる子を大切に育てよという。

4．村の物知りが、三月（または五月）の節供に、その子種をおろす方法があると教える。

5．娘はそれにしたがって、蛇の子種をおろすことができる。

〈水乞型〉

1．田が干いているので、水を引いてくれた者に三人娘の一人を嫁にやると、父親が独り言をする。それを聞いた蛇が、水を引く。

2．父親が娘たちに蛇の嫁になってくれと頼む。姉二人は断るが、末娘が承諾する。

3．蛇は若者になって嫁迎えにくる。

4．末娘は瓢箪《ひょうたん》と針千本とを持ってついてゆく。

5．若者が淵に着くと、娘は瓢箪を淵に投げ、それを沈めたら嫁になるという。

6．蛇が瓢箪を沈めようと淵に入ると、娘は千本の針を投げて、蛇を殺し、家に戻る。

どちらの伝承も、日本の本土にあっては、たいへん人気のある話柄である。それは沖縄においても同じである。特に八重山地方、石垣島においては、前者のそれが好んで語られている。例話がその一つである。浜下りというなじみの行事とかかわって、人々に親しまれてきたのである。

沖縄の浜下り行事は、季節の替わり目である旧三月の上旬に、海岸に出て潮水を浴びることである。

常世からの聖なる水の力によって気力が衰える生命を更新させる意義を有していた。その言葉からの習俗が中国伝来の三月節供の行事に習合し、身の汚れを払う意義に変貌して、おこなわれるようになった。それが「蛇婿入り」の昔話にとり込まれて語られるようになったのである。

およそ蛇体は、自然界の水の主として畏怖すべきものであったが、自然を克服したと誤解したわれわれは、それを嫌うべき存在とみるようになった。したがって、人間に幸福をもたらすべき婚姻は、嫌うべきものとみるに至った。それを浜下りの行事と結びつけて、合理的解釈を試みているのである。しかしその叙述には矛盾が感じられる。その隙間は自然を克服したと観じた人間の傲慢さがにおってくるからであろう。

19 ニヌファ星の由来

親孝行の子供がいて、これを天の星の、ニヌファ星(1)が認めてね、「君は親孝行だから、もっとよく親に孝行しなさいよ。自分はニヌファに座っておるから、君のいざという時には、自分が救い上げるから、末永くに親を大切にしなさい」と、こう教えたそうだよ。

そのために、ニヌファ星はそのままニヌファに座って、人間を助けるということだよ。それでニヌファ星は、全然動かないから、船の航路をする時でも、旅の時でも、旅願い(2)する時は、必ずニヌファ星を拝んでから船に乗るそうだよ。

船に乗ったら、船の船長さんが、また、方角を見定めるために、ニヌファ星を見て、「ニヌファはどこだから、自分はどこの方向に行くから、どの方向に船を向けたらいい、舵はどの方向にとればいい」と、これを目当てにしてやって来たから、このニヌファ星が、天から降りて来たっていう、そういう話を親から聞いたよ。

語り手　登野城　川平永美

(1) ニヌファ星（子の方の星。北極星のこと）

(2) 旅願い（沖縄本島や中国へ旅立つ時に行われた祈願。旅行者の家では姉妹または叔伯母を中心に親戚の人達が、また美崎御嶽や真泊御嶽ではツカサが、それぞれ三日三晩、線香、燈明を絶やさずに航海安全と無事の帰国を祈った）

伝承の窓

この伝承には、おそらく親孝行の子供がニヌファ星（北極星）となった昔話が隠されているにちがいない。たとえば現代にあって石垣島随一の語り手として登場された米盛一雄翁（明治四十四年生まれ、白保在住）の「ニヌファ星の話」は、次のように語られている。その梗概をあげる。

昔、男の兄弟二人がいた。父親は早く亡くなり、母親が苦労して二人を育てた。長男は怠け者であったが、次男は親孝行で、一生懸命働いて母親を助けた。が、その母親は病気になって死んでしまった。

次男は悲しみのあまり、仕事も手につかず嘆いていると、そこにみずぼらしい姿の老婆があらわれ、亡くなった母親に会わせてやるという。次男は長男とともに、その老婆に連れられ、付いて行くと、大きな川岸に着く。そこには一艘の小舟があって、老婆はこの向こう岸に着けば母親に会えるという。二人はその小舟に乗って向こう岸に向かった。しかし一生懸命漕ぐのだが、なかなか小舟は向こう岸に着かない。長男は老婆にだまされたと言って、小舟のなかで寝てしまう。それでも次男は力いっぱいに小舟を漕いだが、とうとう力尽き、小舟が滝の上にさしかかったところで、流れのなかに落ちそうになる。その瞬間に老婆は、さっと次男を抱きかかえ、天に昇っていった。そこで老婆は、「お前は世のなかの人々の目当てになれ」と言って、次男をニヌファ星にした。長男は川の中に残されて、天の川の一つの星になって、今も苦労を続けさせられているそうだ。

これを聞き取られたのは、新栄町に在住される高木健さんであるが、それによると、米盛翁は、「北極星はなぜ世の中の目当て星になったのか、船も夜、北極星を目当てに航海するようになったのかというと、むかし、このように祖父は話された」と言って、語りだされたという。八重山ならではの珍しい昔話である。

なお語り手の川平永美さんは、一九〇二年（明治三十六）二月十八日生まれの方で、出身は西表島の崎山村である。その崎山村は、波照間島の移民によって生まれたシマで、戦後廃村となり、川平さんは五十歳の折、登野城に移住されたのである。昭和五十年八月五日に、登野城公民館にお集まりいただいた折は、この「ニヌファ星」のほかに、「ハブの婿入」「キジムナー」「ふくろうおどしの話」を語っておられる。その最後の話は、昔、西表祖納村の大竹祖納堂儀佐という豪雄の士が、与那国島を襲い、大勢の島人を殺したという。その殺された与那国島の人々の霊がチコフーというふくろうとなって、崎山南岸のピラドー村を襲い、その村人を皆殺しにしたという話である。したがってこの川平さんの「ニヌファ星」の話は、崎山村時代の体験にもとづくものと思われる。

この折の聞き取り調査のメモによると、昔話の語り出しは、「モーヒィ　アルマンカナドゥ」（大昔、ある所に…）、結びの句は、「キュウヌハナシヤ、オオビシブシマイ」（今日の話は、これでおしまい）とある。この川平永美さんは、秀れた伝承者で、晩年、多くの崎山村時代の民間伝承を伝えておられる。そのなかには、『崎山節のふるさと―西表島の歌と昔話―』（葦書房、一九九〇年）があり、共著者として名を連ねておられる。

20　継子の麦搗き

昔、あるところに継母と継子がおった。継母がとても意地悪で、継子に麦を搗《っ》いて来るように言いつけたそうだよ。子供は、

「はい」と言うて、麦を搗いたが、いくら搗いてもその麦は搗けないので、とうとう泣き出して、涙を流しながら搗いておると、涙の落ちたところから皮がむけたので、その子供は「ああ、水を入れたら搗けるんだなあ」と気がついて、水を入れて搗いたらたやすく搗けたそうだよ。

語り手　大川　前盛タマ

伝承の窓

日本の古典には、継子いじめを主題とする物語が早くに作られている。平安時代の「住吉物語」、室町時代の「鉢かつぎ」などが、もっともポピュラーなものである。昔話の伝承世界においても「米福粟福」「姥皮」など、二十程あまり、豊かな語りをもって、各地に広がっている。勿論、世界にあっては、シンデレラ姫に代表されて、各国に伝承されている。

それに引きかえて、沖縄においては、継子話は、それほど人気があったとは思われない。勿論、その伝承がないわけではない。稲田浩二氏編集の『日本昔話通観』［沖縄編］には、やはり十程の継子話が収められている。が、その語りは、比較的淡泊である。のどかな沖縄の風土は、深刻な継子いじめを相容れないところがあったのではないか。そんなふうに思われる。

そうではあるが、ちょっとした契機で継子いじめを免れたとする小話が目立つ。それは本土では聞くことのない伝承である。二、三、その事例をあげてみよう。

継子と弁当

継母が毒を入れた弁当を継子（娘）にもたせて山の田に草とりにゆかせる。継子がその弁当を木の枝にかけて草とりをしていると、鳥が飛んできて、その弁当を食べて死ぬ。

継子と二葉草

継子（娘）が継母に、「二葉草を取って来い」と命じられる。継子は二葉草がどんな草か分からないままに、小船が通りかかる。継子が歌で「二葉草を知らぬか」と問うと、船乗りが歌で、「それは松の葉のこと」と教えてくれる。

継子と魚

継母が、実子には魚の真んなかを取って与えると、継子（娘）は「お母さんはいい人だ。頭ばかりくれるから頭がよくなる」という。継母が、今度は実子に尻尾ばかり食べさせたので、継子はまた継母をほめて、魚の真んなかを食べる。

例話の、「継子の麦搗き」は、沖縄全域に伝承された継子話である。八重山諸島でも聞くことができる。継子に対する沖縄人《うちなーんちゅ》の心のやさしさがしのばれる。

21 笛になった娘

昔、あるところに、母親と一人の娘がおった。たいへん情け深い母親で、ある日、大きなザルとヘラを持って、畑に芋掘りに出かけたそうだ。大きな石の根元から、大きな芋が出ていたが、あんまり大きいので、ヘラでこれを打ち割って、そして、ザルを一杯にしたそうだ。

それでザルを、頭の上に載せようとしたけれども、どうしても載せることができない。わああ泣いていると、アンヤーヌシュー[1]が現れて、

「なぜ泣いているのか」と。

「ザルいっぱいの芋を、頭の上にのっけることができないので、誰か助けて下さる人がいないかなあと思って泣いております」と答えたそうだ。

「うん、そうか、じゃ、わしが頭に載せてあげるから、その代わりお前の家の一人娘をわしにくれるか」

「よろしうございます」

こうして約束ができて、母親はやっとの思いで自分の家に帰って、そして、娘を呼んで、

「畑でアンヤーの爺さんにザルを載せてもらって、その代わりにお前をやると約束したから、戸棚の中にあるンボン（ご飯）とマース（塩）を食べて、東の家の爺さんの子供になりなさい」と言ったそうだ。

しばらく経つと、この東の家の爺さんは、沖縄旅に出かけたそうだ。日にちが経って、もう帰る頃だろうと思っておると、隣に住む意地悪の爺さんがやって来て、

「おい、娘さん娘さん、あなたの家の爺さんが乗った船が見えるよ」と言ったそうだ。

「どこですか」

「東の方のガジュマルに登りなさい」と。

「まだ見えません」

「もっともっと上に登りなさい」と。

「まだ見えません」

「ああ、てっぺんまで登りなさい」と。

てっぺんまで娘が登ったところ、意地悪爺さんは長い竿を持って、その娘を突き飛ばしてしまい、その辺りにあったドブに娘は落ちて死んでしまったそうだ。
そこから、やがて竹が生えて、どんどんどん成長して立派な竹になったそうだ。そうすると、意地悪爺さんが、その竹を切って、笛を作り、その笛を吹くと、あの亡くなった娘の声がして、
「目のかけた意地悪爺さんに謀られたよ。ピヨー、ピヨ」
と鳴き続けたそうだ。

語り手　石垣　糸数用著

(1)　アンヤーヌシュー〈アンヤーは東隣の家の意味。アーリィヌヤー〈東の家〉の約音。シューは本来は士族の父

親を指す言葉だが、ここではお爺さんの意味で用いられている）

例話は分かりにくい伝承である。が、本土においては、比較的ポピュラーな昔話である。多くの継子話として伝えられるもので、継子が小鳥に変身する「継子と鳥」と例話のように笛に変ずる「継子と笛」とに分別される悲しい物語である。

伝承の窓

その「継子と笛」の話型を簡潔に示しておこう。

1. 父親が娘に土産を約束して旅に出る。
2. 継母が娘（継子）に笊《ざる》で水を汲ませるが、旅の人が来て、それを助けてくれる。
3. 今度は、継母が風呂をわかして、その上に茅を渡し、娘（継子）を渡らせる。
4. 娘（継子）は熱湯に落ちて死ぬ。その屍を埋めた跡に竹が生える。
5. 帰ってきた父親が、その竹で笛を作って吹くと、「土産はいらぬ。継母憎し」と娘（継子）の声がする。

継子話の伝承が、沖縄においては希薄であることは、先の20「継子の麦搗き」でふれた。この例話も、その娘を継子としては語っていない。が、それが伝承の意味を分かりにくくしている。父親と継母との対照的な語りの「東家の翁」と「意地悪な（西）の爺（翁）」という隣の爺形の枠をもって、語り変えているのである。

沖縄にあっては、聞くことが稀な昔話である。語り手の糸数用緒さんは、明治三十四年のお生まれ、元校長さん、教育長をなさったインテリである。しかしその糸数用緒翁が自ら作って語られたものではないことは確かである。どこで仕込まれた昔話なのか、それを聞いておくべきだったと悔やまれる。伝承の経路をたどることが求められる。

22 火正月

昔、あるところに、子供がたくさんいる、大金持ちがいたそうだ。その家にある年の晩、汚《よご》れて痩せこけたお爺さんがやって来たそうだ。年の晩に来たので、金持ちの家では、

「こんな年の晩に、汚《けが》らわしい、こんな貧乏人が、何で人の家を汚しに来たか。塩まいてやれ」と言うて、そのお爺さんに塩をまいたそうだ。そのお爺さんは、

「まあ、済まないけれども、隣村に行くのに、日が暮れてしまって行けないから、今晩一晩だけ宿を貸していただけないかねえ」と聞いた。

「できない。全然できません。人は年の晩ちゅうて、年を取ろうとしているのに、汚らわしい人が入って来て。泊めることはできないから、出て行きなさい」と言われて、このお爺さんは仕方なく、隣の家に行ったそうだ。

隣の家には、年取った夫婦がいて、子供もいなくて、とても貧乏であったそうだ。

「自分はこうして隣村へ行く途中で、日が暮れて、もう行けなくなりましたから、すみませんが、今晩一晩泊めていただけないでしょうか」と聞いたそうだ。そしたら、

「こんな汚《きたな》い所には、泊めるわけにはいきません。きれいな家もあるし、金持ちの家もあるし、どうぞきれいな所で泊まって下さい」と、この夫婦は言ったそうだ。ところが、お爺さんは、

「いや、汚くても構わんから、泊めてくれ」と。

「ああ、そうでございますか。それならば、どうぞ泊まって下さいませ。こんな汚い所でも良かったら、泊まって下さいませ」と言ったので、その晩ここに泊まることになったそうだ。

「あなた方夫婦は、年の晩というのに、ご馳走も無く、なぜこんなに火だけ燃やしているのか」と言われたので、

「ああ、何《なん》にもご馳走を作る物が無いから、ただ火を焚いて、火正月をしています」と言ったらしい。すると

「ああそうですか、そうですか。そりゃ気の毒ですね。それならば、あなた方にちょっと聞きたいことがあります。金持ちになるのと、また若くなるのと、どっちをあなた方は望みますか」と、このお爺さんは聞いたそうだ。

「そうですね、私たちは年取ってなんにもできませんから、若くしていただけるんだったら、その方を望みます」と言ったそうだ。

　そこでこのお爺さんは、

「火を燃やしてる所に、鍋を持って来て掛けなさい」と言い、お鍋を持ってきて掛けると、懐から何かを出して鍋の中に入れたら、ご馳走がいっぱい出て来たそうだ。その夫婦はこれで正月をし、翌日の朝起きると、三、四十歳ぐらいに若くなっていたそうだ。

　それで、隣の金持ちの人たちは、

「昨日までは、年寄りであったのに、なぜこんなに若くなっているのか。その訳を聞かしてくれないか」と言ったので、若返ったお爺さんとお婆さんは、人がいいから、

「実は、昨日の夕方、汚いお爺さんが来て『あなた方は正月もしないで、どうしてこんなにサビーサビ(1)としておるか』と言うて、ご馳走を出してくれたり、若くして下さったんですよ」と言うたら、

「そうですか、そのお爺さんはどこへ行ったのか」と。

「この後ろの山の麓にいらっしゃる」と教えたら、この隣の金持ちの人は、家族を連れて、その山

の麓に行ったらしい。

ところが、そこへ行くと、家族は鳥になり、カラスになり、スズメになり、いろいろなけだものになってしまったそうだ。お爺さんは、この夫婦に、

「あなた方も、お隣の人みたいに若くなりたいか」と尋ねたら、

「はい、お願いします」と言ったので、焼いた瓦を二つ持って来て、

「これに座れば若くなります」とお爺さんに言われ、金持ち夫婦がそれに座ったところ、お猿さんになってしまったそうだ。焼いた瓦に座ったもんだから、お尻は赤く、それからお猿のお尻は赤くなってるちゅうこと。それから、お正月には、

「おめでとうございます。お正月をなすって、まあ、お若くなりなすって、おめでとうございます」

と言うようになったそうだ。

語り手　登野城　豊川サカイ

(1)　サビーサビ（寂しげな様子をいう）

伝承の窓

大晦日（大歳）の晩には、歳神《としがみ》さまが来訪され、新しい年（幸《さち》）を与えてくださると信じてきたのが、わが国の民俗である。それにそって生まれたのが、昔話「大歳の客」である。およその話型は、

1. 昔、貧乏な夫婦が大歳の夜、乞食を泊めて親切にもてなす。
2. 翌朝、その乞食をみると、体が黄金に変じている。
3. 翌年、隣の金持ち夫婦が、大歳の夜、乞食を探して、無理に泊めてもてなす。
4. 翌朝、その乞食をみると、糞まみれになっているので、これを便所に突き落とす。

これ以来、金持ち夫婦は貧乏になる。

となる。

本土においては、かつて大歳の晩は、囲炉裏に火を焚き、その燠《おき》（赤くおこった炭火）を埋めて、歳神迎えの準備をする。元旦の早朝、その燠を起こして新しい年の火だねとし、若水をわかし、歳神に供えるのであった。昔話「大歳の火」は、この民俗にそって生まれたものである。その話型は、

1. 昔、心やさしい嫁がいた。囲炉裏の火を絶やしてはならないという姑の言いつけにしたがっている。
2. しかし、その嫁は、油断してその火を絶やしてしまう。
3. 困った嫁が、火種を求めて門口に立っていると、棺桶をかついだ人々が火をともしてやってくる。
4. 火種を乞うと、火をやるから棺桶を預かってくれと言われる。
5. 嫁は、その棺桶を引き受けて、土間の隅に筵《むしろ》をかぶせて隠しておく。
6. 翌朝、その筵をあけて、棺桶の死体をみると、それは黄金に代わっている。

となる。

この「大歳の客」と「大歳の火」が複合して成ったのが、「猿の長者」の昔話である。その話型は、

1．汚い乞食が、大歳の晩に、金持ち夫婦の家に宿を乞うが断られる。
2．隣の貧乏夫婦の家に行くと、なにもないがと言って、火をたいてもてなしてくれる。
3．その乞食は、夫婦に水を入れた鍋をかけさせて、呪文を唱え、その鍋にご馳走を作り出す。
4．翌朝、その乞食は、若水を汲ませて、その夫婦を若返らせる。
5．隣の金持ち夫婦が乞食を探して、無理にもてなす。
6．翌朝、金持ち夫婦が、若水を汲んで、顔を洗うと、その姿は猿に変じる。

となる。例話の「火正月」は、これに準ずる昔話である。

しかし沖縄には、猿は生息していない。八重山地方も勿論同じである。それにもかかわらず、この昔話は、沖縄本島から宮古諸島、そして八重山諸島にも、少なからず伝承されている。ただしその伝承の歴史は、古いものではない。本土においても、「大歳の客」一連の昔話は、人気があって全国にわたって、語られている。正月に歳神を迎える民俗に、よく適《かな》っているからである。そしてその民俗は、沖縄の人々に通じているに違いない。

それにしても、この昔話に伝播に荷担した人々はだれであろうか。語り手の豊川サカイさんは、明治三十一年十二月十五日の生まれの方である。昭和五十年八月五日に、登野城公民館に集まっていただいたときには、このほかに、「子育て幽霊」の昔話を語っておられるが、これも本土からの昔話に違いない。あとにあげる32「猿雑炊」の語り手である大川の大浜マツさんの場合も、そうであるが、石垣の各公民館に集まっていただいた女性の語り手は、はやく学校教育を受けておられた方々であることに驚く。そして沖縄本島からやってこられた先生たちが、そのなかで、さかんに昔話を語ってお

られたと聞く。本土においても、その例は少なくないが、特に沖縄においては昔話の伝承・伝播に、先生が重要な役割をつとめておられたことに注目したい。

23 兄弟の仲直り

今の農業試験場[1]の近くにシィーナ田《だー》[2]というところがある。昔、そこで、一人の男が農業をやっておったらしい。だいたい昔の作物と言えば、粟とか大麦とかだが、その人は、そういう物を作っておったらしい。

ところがその作物が、毎年のように何者かによって、いつも荒らされてしまうそうだ。ある年もその作物を作って見回りに行くと、人間が取ったのか、それとも猪が荒らしておるのか、どっちとも区別がつかないように、ひどく作物が荒らされておったそうだ。

それで、これは猪がやっておるかも分からない、それとも人間がやっておるかも分からないから、それを討ち取らなければならないと、弓や槍を持って、一晩中、そこの作物の番をしておったそうだ。

すると、夜中を過ぎた頃に、畑の中でゴソゴソして、ひどく作物を荒らす様子が見えたので、その人は身を隠しゆっくり近寄って、その荒らしているものに向かい、力を振り絞って弓を放したところ、うまいこと、その獲物に当たったそうだ。

そこで、その人は近寄って、持っておる自分の手槍で、またもういっぺん突き刺して、そして、やれやれと思って、猪と早合点して、手を触れて見たら、猪ではなかったそうだ。猪は毛があるから、すぐ分かるんだが、猪ではなくし、肌がつるつるしておるもんだから、今度はびっくりして、これは確かに人間であると早合点してしまって、これは大変なことになったと思って、そのまま後ろも振り向かずに、慌てて家に走って帰って来たそうだ。

そこで、一つの握り飯でも二つに分け合って食べるくらいの、非常に親しい間柄の友達に、これまでの出来事を話して、なんとか自分に協力してくれと、心から頼み込んだそうだ。そしたら、その友達は、

「いや、こういうことを、聞いたこともない。どうかこの話は、ほかの人に持って行ってくれ」と、むげもなく断ったそうだ。

その人には兄弟があったが、その仲は非常に悪くて、二人が顔を合わせたら、罵り合う仲の悪い兄弟であったらしい。それでもやむなく、その兄弟のところに行って、

「自分は今日こういうことをやった。もう誰にも話すことはできない。あんたにしか話せないので、なんとか協力してくれんか」と言うたそうだ。するとその兄弟はとっさに、

「それはたいへんなことだ。それじゃあ、二人でなんとかしなければいけない」と言って、

「さあ、夜も明けないうちに、早くその現場に行って、それを片付けようではないか」という相談がまとまって、二人は家を飛び出して、急いでその畑に行ったそうだ。

そして、畑に着いた頃には、夜がしらみかけて、明け方近くになっておって、その獣の側に寄って見ると、それは猪でもなく人間でもなくて、大きな鰻《うなぎ》だったそうだ。鰻は真っ黒い肌で、刺された弓矢の跡・槍の跡から赤い血を垂らして、そこに転がっておったそうだ。

やれやれと、二人は手を取り抱き合って、もう泣かんばかりに喜び合って、それで兄弟の有り難さがよく分って、二人はその鰻をそのまま連れ戻って、もうこれからは兄弟二人、仲良くしようと、仲直りの大宴会を張ったそうだ。

その鰻は、実はシィーナ田へ山越えしてね、名蔵(3)というところのイキドークムリィ(4)の中に住んでいて、そこまで出てきて、その作物を荒らしておったということが分かったそうだ。

その鰻が通った跡の道は平らかで、昔はそのシィーナ田というところで、苗を下ろしてブネーラ(5)という大きな田圃へ、その苗を運んで、田植えをしておったらしい。その鰻が作った道は平坦で、つい最近までその道はあったが、今はもう開発されて、キビとかパインとかの運搬に使われておるそうだ。で、昔の人が言うのに、その道は鰻が作った道(6)だということを、よく聞かされておったもんだ。

語り手　登野城　比屋根和喜

(1)　農業試験場（バンナ岳の東北麓、宮良川の中流いわゆるヘーギナ川の南にある）

(2)　シィーナ田（シィーナは登野城村の小字名で、バンナ岳の東麓石垣ダムよりさらに東北方一帯を指す。シィーナ田はシィーナにある水田のこと。国立研究開発法人・国際農林水産業研究センター［熱帯・島嶼研究拠点］の敷地の西側に接し、おたまじゃくしのような形に水田が広がっている）

(3)　名蔵（ナグラ、方言でノーラとも言う。集落はもともと名蔵御嶽周辺にあった。その後、名蔵湾河口北岸の高台地上に移転したが、再び元の場所（現在の名蔵）に戻っている。台地上の旧地を元名蔵と呼んでいる）

(4)　イキドークムリィ（名蔵の「池塘」というところにあった沼地）

(5)　ブネーラ（名蔵の東北、嵩田山の西側一帯の水田地帯）
(6)　鰻が作った道（シィーナ田から石垣ダムの北を通って名蔵に至る、いわゆるイタータ道を言うか）

伝承の窓

この例話は、シマクチで語られた43「兄弟の仲直り」と同話である。しかし例話は、冒頭の「兄弟の不仲」のモチーフを欠いている。また43話は、後半の人間を殺したという主人公の「勘違い」のモチーフを欠いている。およそこれは、次のような話型によって語られる。

1. 兄と弟との仲が悪い。
2. たまたま弟（兄）が猪撃ちに行って誤って人間を撃ってしまう。
3. 常日ごろ仲良くしていた友人に助けを求めるが、友人にこれを断られる。
4. やむなく仲の悪い兄（弟）に助けを求めると、これに応じてくれる。
5. 二人で死体を確かめに行くと、それは人間ではなく大鰻であった。

つまり、どんなに親しい友人よりも兄弟が大事という主題である。しかもこの昔話は、本土においてはほとんど聞くことはなく、奄美から八重山にかけて、広く伝えられるものである。それは特に兄弟関係を重んじる南島ならではの伝承と言える。しかも元来、山を擁する地域において語られてきたものである。沖縄ならば、本島の山原地方、そして八重山の石垣島、西表島、小浜島に限られるものであり、それは山のもたらす豊かな水によって、早く稲作を可能にした地域である。

その石垣島の四箇の村の稲作地帯は、聖なる於茂登《おもと》山を望む、その南の前勢岳南麓・バンナ岳南東麓に及んでいる。その山々は、豊かなる水を招来してくれる神の支配する地であるが、そこはまた鳥獣を育成する神の山であった。しかもその神の山からは、里の稲作に害を及ぼす猪が襲ってくる。そこで四箇の村では前勢岳・バンナ岳南麓に、その猪の害を防ぐ石積みを築いていた。それはウフジー（大猪垣）と称され、西は名蔵湾岸のクードゥからバンナ岳南麓のイシスク（石城）に及んで築かれていた。そのバンナ岳東北麓、農業試験場近くにあったシィーナ田に、その猪垣があったかどうかは明らかではない。しかし同じく猪の害の及んでいたことは確かである。

そのシィーナ田は、一部、今も稲作が続けられているが、そこにはバンナ岳から豊かな水が谷川となって流れ込んでいた。猪ほどのものではないが、石垣ダムを超える沼地には、相当大きな鰻が今も生息する。しかも名蔵湾には、大鰻が赤牛を海に引き込んで食べたと伝えるアカマラーグムリィの地を有している。15「アカマラーグムリィの人魚」異伝である。そして大鰻が名蔵から山越えをして作ったという山道は、そのシィーナ田から、およそ辿ることができる。明治三十七年生まれの比屋根和喜翁の「兄弟の仲直り」の語りは、自然に応じた人間の営みの実態にもとづく想像力が生んだものであった。

なお前著の『八重山・石垣島の伝説・昔話（一）―大浜・宮良・白保―』でふれたことであるが、兄と弟が力を合わせて猪垣を築き、兄は宮良のムラ、弟は白保のムラを起こしたとする伝説があった。早く『遺老説伝』などが掲げるものであったが、西から兄が東から弟がそれぞれ石積みをして、二人が出会ったとする地に、今はビラメーオンと称する拝所を留めている。これも猪の害をめぐる「兄弟の結びが大事」とする思想を隠すものである。またシィナー田から名蔵に至る、いわゆる「鰻が作った山道（イターダ道）」は、あの名蔵のシーラ原から宮良の地

大鰻が通ってできたと言われるイターダ道

に導かれた「赤馬」の伝説にも通じるものと言えるであろう。

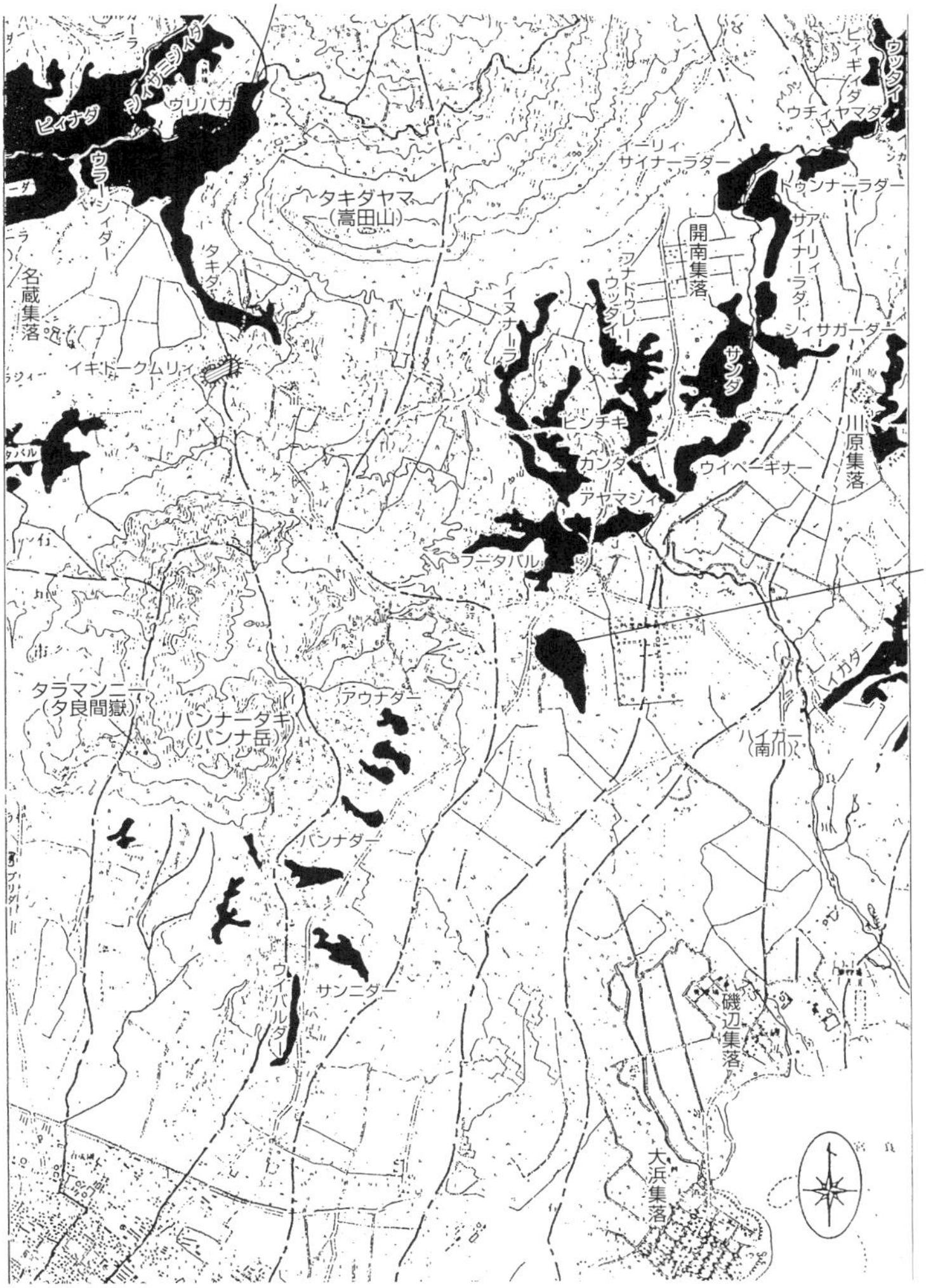

24 女の福分（一）――ハジカミの由来――

昔、あるところに、とっても仲のいい夫婦がおった。とってもぜいたくな生活をしておって、ある時、奥さんが麦ご飯を炊いて出したら、ご主人は、

「そんな麦ご飯が食べられるか」と言って、お膳を蹴飛ばしたもんだから、奥さんは、

「もう、この家におっては大変だ」ということで、家出をしたそうだ。

　そして、奥さんは一生懸命働いて、とってもいい家庭を持っておったらしい。主人は、貧しくなって、どうにもこうにもならないもんだから、籠《かご》を作ってそれを売りに歩いたそうだ。

　歩いたところ、ちょうどあの元の奥さんに出会ったもんだから、元の奥さんは麦ご飯を炊いて、

「とってもひもじいでしょうから、これをおあがり下さい」と言って上げたら、とってもおいしそうに食べたもんだから、奥さんは、

「ああ、あんたは昔は食べなかったけど、今はよく食べますねえ」と言ったもんで、とっても恥ずかしくなって、そのままそこで死んでしまったそうだ。

　それで、その元の主人を埋めて置いたところから生薑が出たもんだから、奥さんは、

「これは、恥ずかしがって死んだところから生えたもんだから、ハジカミ(1)という名前を付けよう」

と言って、その生薑の名前をハジカミと付けたそうだよ。

語り手　大川　前盛タマ

(1)　ハジカミ（生薑《しょうが》のこと。石垣方言ではソンガーと言う）

25 女の福分（二）――雄蟬が鳴かぬ理由――

今頃、蟬がよく鳴くよね。この蟬はカーチ（夏至）の季節にね、六月二十日前後によく鳴くよ。そして男蟬は鳴かないが、女蟬が鳴くよ。どうして男蟬は鳴かないかという話をしようね。

昔、ある夫婦がいて、初めは仲良く働いて、相当な資産も作っておったが、そのうち、この夫の方が、愛人を探したいというような気持ちから、「あれ持ってきてもこんな物食えるか、これ持ってきてもこんな物食えるか」と言って、妻をいじめるようになって、とうとう本妻を追い出したということだ。

そうすると、本妻は追い出されて、仕方が無いから、また別の方に嫁いでいたら、この方と非常に気が合って、大変裕福になっておったそうだ。そうしておるうちに、この初めの夫は、本妻を追い出して愛人と居るようになると、それからはだんだん貧乏になって、とうとう乞食になったそうだ。

乞食になると、これはもうあっちこっちに行って、物を貰って来なければ生活ができないということで、物貰いに歩いた時、自分の初めの妻の所に、何気なしに入って行ったそうだ。そしたら、この女は、

「ははあ、これは自分と初め生活しておった男だねえ。この男は、麦の飯なんか全然食べなかったが、じゃあ、麦の飯を取って来て食べさせてみよう」と、麦の飯を取って食べさせたら、

「たいへん、おいしい、おいしい」と言って食べたそうだ。

その時、この人は話したそうだ。

「あなた、昔は麦の飯なんか、食べなかったですが、今は麦の飯をよく食べますねえ」と。「ほおー」と言って、顔を上げてみたら、自分の初めの妻であったと。それでもう、恥ずかしくてこっちにおれないので、麦を入れるために作られたザルがあるが、そのムンソーギを被って蝉になって飛んで行ったとー。

それで男蝉は、鳴かないよと。女蝉はこの六月には多く鳴くけど、男蝉は鳴かない。こういう話だ。

語り手　石垣　竹田信貴

伝承の窓

この昔話は、日本各地において、こまごましたバリエーションをもって語られてきたものである。沖縄における伝承も、およそこれに準ずるものである。しかもこれには、運定め話として語られるグループと、貧しい炭焼との婚姻によって幸福が得られたとする話群とがあり、それに複合して語られるので、その話型を整理することは、なかなか困難であった。しかしわたくしどもは、韓国や中国の伝承とも比較しながら、およそ次の三つに分類している。（『鉄文化を拓く〈炭焼長者〉』三弥井書店、二〇一一年）

Ⅰ　産神問答〈主題・男女の福分〉

1．男が神社（寄木）に泊まっていると、立ち寄った神さまが、今夜生まれた女の子は塩一斤の運、男の子は青竹三本の運に生まれついていると告げる。〔産神問答〕

2．男が家に戻ると男の子が生まれており、隣の家には女の子が生まれていたので、早速、隣り同士が二人の子を婚約させる。〔男女の婚約〕

3．二人は成人して結婚し、金持ちとなるが、男は女を嫌って追い出す。〔男女の結婚・離婚〕

4．女は分限者（酒屋など）と再婚し、幸せに暮らす。〔女の再婚・幸福〕

5．先夫は落ちぶれて竹細工を売りに来る。女は先夫に気づいてもてなすが、先夫は気づかない。〔先夫と再会〕

6．後に先夫は気づいて、女の目の前で死ぬ。（箕で寺を作り三井寺と称す）（死体から煙草が生える）（亀・蝉に転生する）〔先夫の横死（転生）〕

やや手のこんだ語りであるが、古く古典にも取り込まれており、人気のあった運定め話である。それは男女の福分（女の福運／男の非運）を主題とする。しかしこれが女の相手を炭焼と語ったり、先夫が亡くなった後、さまざまに転生したとする語りがあって、複雑な伝承をみせる。たとえば、ハジカミの由来を語る24話、蝉の前生を語る25話は、この産神問答の3〔男女の結婚・離婚〕から6〔先夫の横死（転生）〕が独立した伝承とみることもできる。

Ⅱ　炭焼長者・初婚型〈主題・女の福分〉

1．縁遠い上臈（金持）の娘に、炭焼と結婚せよとの神のお告げ（占い）がある。〔神のお告げ〕

2．娘は山中の炭焼の男と結婚する。〔炭焼と婚約〕

3．娘は夫の炭焼に小判を持たせて、買い物にやると、夫は途中で水鳥をめがけて小判を投げ戻る。〔炭焼の小判知らず〕

4．娘は小判の値打ちを夫に教えると、夫は炭竈の脇にいくらもあるという。〔炭焼の告知〕

5．娘は夫の案内で、炭竈に赴き、多くの小判を発見する。〔娘の小判発見〕

6．夫婦は大金持ちとなり、娘は幸せに暮らす。〔異常な幸福〕

およそ鉄の発見は、聖なる偉業であった。かつてそれは炭焼（金屋《かなや》）に託されていたのである。この昔話は、一人の娘が神のお告げによって、その炭焼とめぐりあった福運を誇張して語るものである。日本の民俗学の始祖・柳田国男は、この伝承は国々を歩いた金屋（炭焼・鋳物師《いもじ》）によって各地に伝播したと説かれている。沖縄諸島にも、その伝承は見出されるのである。

Ⅲ　炭焼長者・再婚型〈主題・男の非運〉

1．女が神のお告げで、隣の家に生まれた男の子と結婚する。〔神の告知・結婚〕
2．男は女を妻として不足だと女房を離縁する。〔女房の離縁〕
3．女房は、たまたま炭焼を訪ねて結婚、幸せに暮らす。〔女房の再婚・繁栄〕
4．先夫が落ちぶれて訪ねてくる。女房は先夫に気づいてもてなしたが、先夫は気づかない〔先夫と再会〕
5．(a) 先夫は下男となって、炭焼夫妻に養われる
6．(b) 先夫はやがて気づいて、女房の前で死ぬ。
またその死体から煙草が生えるあるいは亀・蝉に転生する。
〔先夫の横死（転生）〕

これは日本特有の伝承で、Ⅰ産神問答に、Ⅱ炭焼長者・初婚型を複合、〔男の非運〕を主題として語られるものである。しかし金屋（炭焼・鋳物師）のなじみのない地域においては、この「炭焼」のモチーフは後退する。そしてこれに代えて、新しい趣向を用意して聞き手の感動を誘う。それが24話の伝承である。語り手は、地域社会に順応して、新たな伝承を生成していたのである。

26　饗立の由来

昔、非常に偉い人がおって、親の孝は何よりも宝だと言って、これを子孫代々、子供が生まれたならば、親に孝を尽くすのは第一であると、言葉じゃなくして、何か、物で表して伝えていきたいと思っていたらしい。親の恩というものは、山よりも高く、海よりも深いと言われておるが、これを何とかして、形に表したいと、この人は始終思っておったそうだ。

ところが、自分の頭では考えられないので、神や仏に、

「どうぞ私に夢でも見せて下さい。お願いします」とお祈りしておったそうだ。すると、ある晩その人を生んだお父さんが、

「あなたは今日は決して早く寝てはいけない」と言ったそうだ。

「それじゃ、何時ですか」

「この群星《むるぶし》(1)という星が、真昼(2)になって、過ぎた時にあなたは寝ろ」と、言われたらしい。そこで、この人は、

「それじゃ、親の言われることは守ろう」と言って、夜十二時を過ぎてから寝た。そして夢を見たそうだ。

夢を見るに、高い山を越したり、海を潜《くぐ》ったり、また山を越したり、谷間を越したりしても、山と海ばかりが見えたそうだ。二十八回、山を越し、二十八回、海を潜っても、まだ山があり、まだ海がある。それで、

「いくら歩いてもこの山は通り越しはできないんだねえ。いくらこんなに歩いてもこの海は歩き果

てられない。ああ、何とかしてこれを通り越したい」と思っておってもできんらしい。その時に、ぱんと目が覚めたらしい。そして、その翌日、このことを親に話したと。

「夕べ、お父さんがおっしゃるように、あの星が真昼を過ぎてから寝たところ、こういう夢を見た」と。

「ああ、そうか」と。

「幾つ通り越したか」

「二十八。山も越えたし、海も潜った。ところが、見ると、まだ向こうに山も海もたくさん連なって、これを全部通り越したいと思ったが、ぜんぜんできなかった」ということを親に告げたらしい。

「ああそうか。これが神様や仏様があんたに告げておられることだよ。親の恩というものは、山よりも高い、海よりも深いというのは、あんたがいくら山を越しても、山を通り越すことはできんだろう。海もそうだろう」と言われたらしい。それでこの人は、

「どうすればこのことを表すことができるか」と考えて、

「親の恩は山よりも高い。通り越しはできない。海よりも深い。通り越しはできない。よし、それじゃ山の形を作り、高い所は山を表し、低い所は海を表す」と。こうして饗立(3)というものを作った。

そして、人間の生活の一番の花はお米だから、御祝いとかの日にはそのハナグミ（花米）を真ん中に入れて、その周囲にこの饗立を立てて飾って、これを子や孫に伝えて永遠に残していけば、親の孝を表わすことができるということから、饗立は工夫され作られたという話だ。

語り手　新川　石川正松

(1)　群星《むるぶし》（むりか星ともいう。スバル。おうし座の肩のところにある小さな星の集まり「プレアデス星団」

のこと）

(2) 真昼（「月の真昼間」「星の真昼間」という表現があり、月や星が南中する時を言う。スバルが夜中の十二時に南中する時期を想定して語っている）

(3) 饗立（コーダティ。花米を重箱に盛る時、重箱の内側に添って立てる紅白の紙。二十八宿〈星座〉を表す二十八の鋸歯状になっていて、赤紙を外、白紙を内にして立てる）

伝承の窓

八重山の習俗では、正月、十三祝い、米寿などのおめでたい時、あるいは二十五年忌、三十三年忌のウフショッコウ（大焼香）の時に、床の間には四段または五段の重箱が飾られる。その最上段の重箱には花米が盛られ、蓋はせずに饗立をめぐらすのが普通であるが、例話は、その饗立の由来について語った珍しい話である。

親の恩については、旧暦七月十三日から十五日に行われるソーロン（祖霊祭）で謡われる「無蔵念仏節」には次のように見える。

親ぬ御恩は深きむぬ（親の御恩は深きもの）
父御ぬ御恩は山高さ（父親の御恩は山よりも高い）
母御ぬ御恩は海深さ（母親の御恩は海よりも深い）

例話では、この「親の恩は山よりも高く、海よりも深い」と言われていることを形に表すためにどうすればよいかと考えていた人が、饗立を考案するまでのいきさつが語られる。

父親から「早く寝てはいけない。十二時を過ぎてから寝るように」と暗示された子は、それに従って寝たら夢を見る。夢の中で幾つもの山や海が現れ、二十八の山を越え、海を潜って進んでも通り越すことができないと思ったとたんに目が覚める。そのことを父親に話すと、親の恩とはそういうもの

重箱の最上段に飾られた饗立

だと言われ、饗立を考案する。饗立の上部はノコギリの歯のようにギザギザになっているが、それは親の恩を表す山と海であり、二十八の山と海は、どんなに山を越え、海を潜って行っても到達できないことを表しているというわけである。

饗立が親の恩を形に表したものであるというのは、恐らく、親の恩の大切さを子や孫に伝えるために石川正松さん自身が考え出したものか、もしくは同家で伝えられていたものであるにちがいない。

27 盆の松明由来

昔、あるところに、夫婦がいて、その夫婦の中に一人息子がおったそうだ。その一人息子を大切に養っていたところ、不幸にしてその子供が病気で死んで、両親は毎日泣き暮らしておったそうだ。そして、初の盆が来たらしい。お盆が来たので、お墓参りに行って、掃除をしながら名前を呼んで、

「お盆だから必ず来てくれ。そして父ちゃん母ちゃんに姿を見せてくれ。姿は見えなくてもよ、必ず来ているという証拠でも見せてくれ」と言って帰って来たらしい。そしてまた、案内[1]に行った時にも、墓の前で口飾り[2]をして、

「来なければ、絶対にお盆はしないから、必ず来て、父ちゃん母ちゃんに姿を見せておくれ」と言って帰って来たらしい。そして墓場で言うた通り、ご馳走も作らずに、二人の親は、子供が来るのを待ちかねておったらしい。しかし、この子供は門まで来たけど、松明だね。松明が燃やされていない──八重山では、お焼香とかお盆の時は、必ず門の両方に藁で作った物を置くんだけど、墓場からお供してきた死んだ人は、あれを燃やした煙が無ければ、絶対、家には、自分の家だって入れないらしい──。

この子供は門まで来て、東に行ったり、西に行ったり、北に行ったり、南に行ったり、泣き続けているところを、爺さんが現れて、その爺さんはあんな者（死んだ人）が見える人だったんでしょうな。

「おい、兄ちゃん、なんで、お盆というのに、さっきから見ていると、東に、西に、南に、北に、

泣いて歩いている。どうしたんだ」と聞いたら、その子供がね、

「父ちゃん母ちゃんが墓に来て、ぼくを呼んだんだけど、門で松明を燃やしてくれないもんで、家の中に入ることができずにいる」と言ったので、

「そうか」と言って、その爺さんは、親二人に、

「なんで、あんた方は、お盆というのにこんなに寂しくしておるか」と。そしたら親は、訳《わけ》を話したらしいね。

「子供が来てからご馳走を作ろうと考えています」と、言ったもんだから、この爺さんがよ、

「いや、子供はもう門まで来てよ、あんた方が松明を焚いて迎えてくれないから、泣いているんだ」と話したそうだ。

それで両親は、もう慌てて藁で作った松明を左右の門の側で燃やしたら、その煙で子供は喜んで屋敷の中に入ってきたらしいね。その後はというと、仏壇を飾り、ご馳走もいっぱい作って、あれも食べてちょうだい、これも飲んで行ってねと、本人の声は聞こえないし、見ることもできないのに、家に居るかのように語りかけ、そうしてお盆を無事に済ませ、見送りまでして帰したそうだ。

それからがね、松明というものは本当に必要だということになり、八重山では、今でもやっているんだ。

語り手　新川　大工嵩男

(1)　案内（墓から精霊を家まで連れてくること）
(2)　口飾り（フツカザリィ。神仏に願う言葉）

伝承の窓

先祖供養の大きな行事は、ジュールクニチィ（十六日祭）とソーロン（盂蘭盆）である。ジュールクニチィは後生《ぐしょう》（あの世）の正月と言われ、旧暦正月十六日に行われる。家族全員で墓へ参詣し、墓前に供物を並べ、焼香した後、供物をわけあって食べながら墓の庭で楽しく過ごす。これに対してソーロンは自宅において先祖のおもてなしをする行事である。旧暦七月十三日から十五日の三日間にわたって行われ、八重山の方言では、一日目は迎え日《んかいぴぃん》、二日目は中の日《なかぬぴぃん》、三日目は送り日《うくりぴぃん》と呼ばれる。迎え日の夕方、家族の一人（戸主）ないしは二人が墓参りをし、線香を立てて祖先の霊を案内してくる。残りの家族は、迎え火として門の両側に藁で作った小さな松明を燃やして祖霊を家に迎え入れるのである。

お盆に門で松明を焚き先祖を迎える

沖縄におけるお盆は、『琉球国由来記』によれば、円覚寺建立（一四九四年）以来行われていたようであるが、八重山では一六七八年から行われたことが『八重山島年来記』に見える。

ところで、中国から尚敬王の冊封副使としてやってきた除葆光が著した『中山伝信録』（一七二一年）には、七月十三日の夜、家々では松明二つを大門の外に並べて祖神を迎えると記されているので、盆に門で松明を焚くのは当初から行われていたと見られる。こうした迎え火は、先祖の霊が道に迷わずに家にやってくるための道しるべであると説明されるが、八重山では松明の灯りよりも煙に意味があり、盆の精霊は煙の下をくぐって家の中に入って来ると信じられていた。例話は、両親が門で松明を焚かなかったために、息子の霊が門までやって来ながら、屋敷・家の中に入ることができず、そのことを霊を見るお爺さんから言われて、慌てて松明を焚き、息子の霊を迎え入れ、もてなして帰したということで、このことがお盆に松明を焚くことの由来であると語る。例話は、両親や祖父母などの祖霊ではなく、一人息子の霊を題材に語った珍しい由来譚で、他に聴取例はない。

28 ウチカビ（打紙）の由来

ずっと昔ね、その当時唐《とう》と言っていた中国に、ちょうど隣どうし、東の家に年寄り夫婦、西の家にも年寄り夫婦がおってよ、西の家は非常に貧しくてね、着る物もなく、食べる物にも困る生活をしておったそうだ。東の家は反対に非常に裕福な生活をして、着物でも絹の着物から、もうあらゆる豪華な着物を着て、贅沢な生活をしておったそうだ。東と西の家とは雲泥の差があったと。

ところが、東の家の婆さんは非常に同情家でね、

「西の家では、食べる物も無いし、着る物もあまりない」と、その婆さんは同情して、ご飯を作って持って行って、残った物でも、これを隠して持って行って、西の家の婆さんや爺さんに、

「これだけ余っているから、お上がりなさい」とあげておったそうだ。そして西の家の婆さんは、有り難くこれを頂戴しておったと。

ところが東の爺さんは、早く死んだらしいよ。その後、西の家の爺さんも死んでよ、もう同じ年だから、西の家の婆さんも死んでね。そうすると、東の婆さん一人が生きている訳だよね。

「ああ、もうみんなに死なれて、自分一人が生きて、本当に、残念だ」と思っておる時にね、この人も死んでしまったとさ。そして今日は葬式という日になって、この東の婆さんが息を吹き返してよ。そして、

「自分は、どうしても言って聞かせなくてはならないことがあって、あの世から戻ってきた。また忘れた物もあってそれを取りに来た」と。

「何を忘れたか」

「私は、お正月とかお祝いに時には、いちばん大切にしているジーファ(1)を差していたが、死んだ時になぜこれを差さないで、木で作ったジーファを差しているかと、あの世の先祖から怒られたので、これを取りに来た。そしてもう一つある。命があった時は、自分の家は裕福な生活をしており、西の家は非常に困窮しておったが、あの世に行ったら、自分の家はとっても貧乏でよ、屋根が崩れた家で、着物もだらだらしたものばかり着ておる。しかし西の家の裕福で、御殿のような家を造って、着物も絹で、きれいな敷物の上に座っている。自分が訪ねて行ったら、『ああ、あなたは生きている時は、よく私たちの世話をしてくれてありがとう。だけど、死んでから、貧乏になって、家の屋根は崩れ、顔も痩せて、着物もだらだらした物を着ている。どうしてこうなったのか』と、聞かれたので、そのことを知らせに来た」ということでね。そしたら家族の者は、

「ジーファはお母さんの髪に差さずに、お父さんの物入れ箱の中にあるから、それを差して下さい」と言ったそうだ。それであの世で開けてみたらあったと。そして、

「あの世に行ったら、西の家は裕福だが、自分の家は食う物にも困り、住まいにも困っているのはなぜかと聞いたところが、西の家の子や孫は、先祖を祀る行事の時に、紙に一厘銭のような形を押したものをたくさん作って焼いていると。それであの世でお金がいっぱいあるので裕福な暮らしをしている。しかし自分の家ではそれをやっていないので、あの世で貧乏している。これからは西の家の子や孫がやっているように、先祖を祀る時にはウチカビ(2)をたくさん焼いてくれ。今日は、私の葬式というので、多くの人が見えているので、あの人たちにも話したいために、こうして戻って来た」と言い終えて、死んでしまったそうだ。

それ以来、後生《ぐしょう》ではこのウチカビが大切なものだと知って、今でもウチカビを焼くようになったそうだ。唐の国でやっていたものが琉球にも伝わって、やるようになったという話。

語り手　新川　石川正松

(1)　ジーファ（女性が髪を整えるために差すかんざし）

(2)　ウチカビ（ウチンガビ、カビジンともいう言う。中国の紙銭と同じで、後生《ぐしょう》の銭《じん》〈あの世のお金〉と信じられている）

伝承の窓

沖縄では、十六日祭、清明祭、お盆、彼岸、年忌などの先祖供養の日には、ウチカビを焼くのが慣わしとなっている。最近は、スーパーなどで売っているものを専ら利用しているが、かつては、藁などを原料とした黄土色の紙一面に、カビウチカニ（紙打金）と呼ばれる円筒形の片方を銭型にした鉄製の金具を打ち付け、使用していた。ほとんどの家にこうしたカビウチカニがあり、しかる時期になると、家々からこれを打つ音が聞こえたそうである。

久米村の蔡家（四本堂）の家訓をまとめた『四本堂家礼』（一七三六年）には、祭儀の際の供物の一つ「わら唐紙」に、「切り調え、銭の形を打ち付け」との注記が付せられていることや、「紙を焼く」という記事があることから、ウチカビの習俗は、まず中国人を始祖に持つ久米村士族の間で行われ、その後、那覇・首里士族の間に広まり、明治以降、一般の家でも行われるようになったものと思われる。

ウチカビの由来を語った民話は沖縄本島や宮古島市などにもあるが、あの世における税金や借金にからめて語られることが多い。これに対して例話は、現世において貧乏であった家の人があの世では裕福な暮らしをしているとして、死んだ金持ちの家のお婆さんが蘇生して、葬式の日に、子孫を初め葬儀参列者に対して、先祖供養の日には必ずウチカビを焼くようにと遺言し再び死んだという、珍しい内容である。

　市販の物ですませるようになった現代でも、ウチカビを焼く枚数が少なくて、あの世で先祖がお金に困っている夢を見たという話を聞くことがある。

市販されているウチカビ

カビウチカニ

29 子育て幽霊

女の人が妊娠したまま死んで、そのままお墓に入れたそうだ。やがて産み月だったのに、村の人は分からないでお墓に入れてしまったそうだ。

ところが、月日が経って墓の中で子供が生まれたそうだね。生まれたけれど、もう、ほれ、子供に食べさせる物がないから、女は、近くのお店にしょっちゅう出かけて行って、この子供の食べそうな物を買ってきて、この子供に食べさせるわけさあ。

ところが、このお店で女から受け取るお金は、本当のお金さ。本当のお金だから、何でもかんでも、この子供が食べる物を買っとるんだ。しかし、このお金は、翌日見たらウチカビ(1)だ。藁紙の、こうして打った、あのウチカビであったとー。

ところが、この子供はだんだんこの墓の中で大きくなって、そこで泣く声が聞こえたって。それで、店の人が墓を開けて見たら、子供が大きくなっていたので、どこの家かは知らないが、連れて行って育てたそうだ。

それで、彼岸とか、十六日祭(2)、お盆の時には、ウチカビを使うんだよ。

語り手　登野城　豊川サカイ

（1）ウチカビ（28「ウチカビの由来」参照）
（2）十六日祭（旧暦の一月十六日に行われる先祖供養の一つ。あの世の正月と言われている）

伝承の窓

この「子育て幽霊」も、本土において、各地に伝承される昔話である。その話型は、
1．昔、あるみごもった女が死んだので、そのまま葬る。
2．その女は幽霊となって、毎晩、飴《あめ》を買いに来る。
3．ある人が、その女の跡をつけて行くと、墓場に入る。
4．その墓には、男の児が生まれており、幽霊の買った飴がそばにある。
5．男の児は救い出されて成長する。
6．それから妊婦が死んだ折は、赤子を引き出して、別々に弔うようになった。
となる。それは妊婦の葬儀の方法を教える機能を有している。したがってその伝承には、僧侶の介在が推されている。例話では、それが先祖供養の打紙の意義を教えることになっている。

ところで、この「子育て幽霊」は、生まれた男児が、後に立派な坊さんとなったという高僧伝として語られている。通幻禅師など、禅宗に属する高僧の希有なる出自を伝えるものである。それに準ずる伝承が、沖縄本島においても、しばしば聞くことである。その話型は、
1．死んだ妊婦をそのまま土葬する。
2．毎晩、その女が現れて、菓子を買って帰る。が、その女が置いていった銭は打紙であった。
3．店の者が跡をつけると、女は新墓に入る。
4．人々がその新墓を掘ると、赤児が育っている。
5．その生まれた赤児はテーラシカマグチと名づけられる。

6．聖人してテーラシカマグチは、現世と後生を往来する人物となる。となる。このテーラシカマグチという方は、唐旅《とうたび》をして、中国から沖縄へ念仏を伝えた人物として知られる。葬儀の獅子や龕《がん》を招来したともいう。

沖縄本島においては、近年まで、葬儀にはニンブチャー（念仏聖）がかかわっている。言うならば、このテーラシカマグチは、沖縄に念仏を伝えたニンブチャーの開祖と仰がれる人物である。したがって、妊婦の葬儀の方法やウチカビの意義を伝えてきたのは、このニンブチャーと想定される。彼等は、一方で例話のような「子育て女房」を伝えていたにちがいない。ちなみに八重山地方にも、このニンブチャーの登場する芸能をしばしばうかがうのである。

30　豚婿入り

昔、豚がサムライ(1)に化けてやって来て、自分を飼っている家の女を妻にしていたそうだ。そしたら隣のお婆さんが、

「あんたの家に毎晩来る人を、あんたは、本当の人間だと思ってるの」と言うので、

「はい、本当の人間ですよ」と言ったからね、

「違うって。これは人間ではないから、その人があんたの家に入ってきたら、履いてきた草履《ぞうり》を取って、家の庇《ひさし》に上げて置き、明日の朝、見てごらん」と言ったそうだ。それで、女がその草履を取って上げて、翌朝見ると、自分の家の豚のキジャ(2)が下がっていたって。豚もそんなに化けるっていう訳さ。

語り手　登野城　新本　栄

(1)　サムライ（士族のこと。ユカラピトゥとも言う）

(2)　キジャ（蹄《ひづめ》。牛・馬・豚などの足の端にある硬い角質の爪のこと）

伝承の窓

この例話は、沖縄特有の昔話である。沖縄においては、戦前まで豚小屋と便所（フール）は共有されていた。しかも便所は、本土においても、霊界に通じる入り口で、魔物が侵入する所であった。それゆえに、豚は妖怪にも変じると観じられることとなったと推される。

この例話では、豚の妖怪は男性として語られているが、一般には豚の化けは女性とする場合が多い。たとえば、那覇市の小禄地区大嶺で聞き取られた「美女に化けた豚」は、次のように語られている。語り手は仲村渠光江さん（明治三十九年十一月十日生まれ）で、要約して紹介する。

昔、ある村で青年たちが集まって野遊びをしていた。そこに美しい女が現れた。一人の青年が、その女に話しかけ、仲良くなった。その青年は遊ぶたびごとに銭三貫をやった。あるとき青年が、遊ぶときに女の履き物を見ると、皮草履であることに不審を抱き、その片方を隠したそうだ。翌日、青年がその皮草履を見ると、それは豚の蹄《ひづめ》であった。それを聞いた村人が集まって、村中の豚を調べてみると、村はずれの豚小屋に年寄りの豚が寝ていて、その傍らには銭が沢山積まれていたという。

（那覇市教育委員会『那覇の民話資料』第六集）

この昔話は、沖縄本島から宮古諸島、八重山諸島に広く伝承されている。かつては沖縄の人々は、実感をもって語り継いでこられた昔話と察せられる。

なお沖縄においては、「クスクェー由来」の昔話が広く伝承されている。「クスクェー（糞くらえ）」とは、くしゃみをしたときに身体からマブイ（霊魂）が飛び出すことを防ぐ呪文で、その由来を語る昔話である。その話型をあげてみよう。

1．男が生まれた子の出産祝いをすると、見知らぬ女がやって来て、歌い踊る。

2．その跡をつけてみると、女は墓の入り口で、後生の王さまに、生身の人間とつき合って遅れたのはけしからんと、叱られている。

3．その女の幽霊は、子どもにくしゃみをさせて命を取ってくると、王さまに誓う。王さまは、賢い人間に「クスクェー」と言われると失敗するぞと注意する。

4．これを知った人間の親たちは、児どもがくしゃみをすると「クスクェー」と唱えるので、女の幽霊は子どもの命を奪えない。

5．このことから、子どもがくしゃみをすると、「クスクェー」と唱えることになったという。

これは、生まれ子の出産にまつわる伝承である。出産間もない時期は、魔物が子どものマブイを狙う絶好の機会である。本土においては、生まれ子の雪隠（便所）参りに、糞を食べる真似をさせる民俗がある。あるいは、この「クスクェー」（糞くらえ）の呪文は、元来、便所（フール）にひそむ魔物・豚の妖怪に対するものではなかったかと推される。例話「豚婿入り」との近似が問われる。

31 十五夜の由来

昔、二人の友達がおって、

「今日の月は非常にきれいだし、二人で広い野原に出て、夕涼みをしながら話をしよう」と言うて、外へ出たらしい。ところが、その出たところに、一人の影だけがはっきり映って、もう一人の影は映らないので、一人はびっくりして、

「これはたいへんだ。こういうことがあるのか」と言うて、当時の物知りのところに行って、

「こういうことだが、どういうことだろう」と話したら、その物知りが、

「あんたには、確かに何事かがあるに違いない。早く家に帰って、あんたの一番可愛いものを、弓で打ち取りなさい」と言われたそうだ。

で、その人は家に帰って、小さい時から、自分が非常に可愛がって大きくした馬がおったらしいが、その馬を弓で、こう、射ろうとした。ところが、その馬は前足をかき、また頭を振り振りして鳴いたので、かわいそうで、どうしてもこの馬を殺すことはできなかったそうだ。

それで、自分の家内を射ることにしようと思って、戸を少し開けて、自分の家内のおるところを覗《のぞ》いて見たら、大きなカイ[1]というものがあって、それにもたれかかって、昔の着物を織るブー（苧麻）を紡いでおって、何事かベラベラしゃべっておるような気配がしたそうだ。

「変だねえ」と思いながらも、目をつぶってこの矢を放したらしい。そしたら、この矢は自分の家内には当たらずに、その後ろのカイにブスッと当たったと。するとそのカイの中から、同時に、大きな声で「ギャッ」と男の泣く声が聞こえたそうだ。それで、このカイを開けて見たところが、家

内の隠し男がおったということが分かったそうだ。

それからというもの、この人は、十五夜の月は非常に名月であり、人間の心の底までも照らす月だということに感づいて、餅を飾って拝むようになったそうだ。その餅の周囲には赤豆を付けて、それからまた、フカンギ(2)の餅を作って、線香も焚いて、これから後、自分の家庭に波風が立たないように、また、子供、家内がみな安全で、平和で豊かな生活ができるようにと、月にお祈りするようになった。

これが十五夜の始まりで、石垣、この八重山では、十五夜には十五夜の餅と言って、餅の周囲に豆を付けて飾る習慣が、今でもずっと続いておるよ。

語り手　登野城　比屋根和喜

(1)　カイ（衣類を入れる箱。衣笥）

(2)　フカンギ（こねた餅粉で長さ六センチ、直径三センチくらいの円筒形を作って蒸したものに、柔らかく煮て塩を適宜に入れて調味した小豆をまぶした餅）

伝承の窓

この昔話は、南島において濃密に伝承されるものである。それははからずも間男《まおとこ》を射殺す話で、あるいは本土においてはあまりなじまなかったものと思われる。奄美から沖縄全域で語り継がれており、八重山地方でも人気のあった昔話である。南国のおおらかさがしからしむる伝承とも思われるが、西欧においても語られていることは興味深い。

これは一般には、「首のない影」と題される。その話型は、次のごとくである。

1．ある男が月夜の晩に、自分の影に首がないのを見る。

2．占ってもらうと、もっとも大切なものを射よと言われる。

3．女房を射ると、長持ちのなかの彼の命をねらう間男にあたる。

奄美地方では、二十三夜の神拝みの折りに、自分の影に首がないのを知ると語られる。しかし「だから二十三夜の月は必ず拝め」と添えられる。沖縄地方では、例話の題名の通り十五夜のことで、やはり八月十五夜には、月を拝めと語っている。月見、月待ちの由来を説く昔話として伝承されている。ところで早く松浪久子氏は、「「首ない影」攷」（『沖縄地方民間文芸〈総合研究〉』収載）において、この伝承がかならずしも南島にかぎるものではないことを明らめておられる。それは1の「影のない首」のモチーフは欠いているが、同じく、はからずも間男を射殺したとする伝承である。松浪氏によると、それは、青森・長野・高知・などの山間地帯において、狩人が主人公となって語られているという。「廻り持ちの運命」などと題され、狩人たちの間で伝承されてきたとする。

それならばこの伝承は、やがて海を越えて「二十三夜」「十五夜」の民俗のなかで、南島各地に伝播されたということになる。はからずも、間男を殺すというモチーフは、普遍的なものであることが確認される。西欧の伝承もむべなるかなである。

32 猿雑炊

母親が米を搗いていたところに、息子がやって来て、

「猿を縛って連れて来てあるからね、お母さん。自分が外に行って来る間に、この猿を殺して、ジューシー[1]にして食べさせて下さいね」と言って出かけたそうだ。母親は、

「そうね」と言いながら、米を搗いていたそうだ。昔は臼で米を搗いておったからね。それを聞いて、自分はやがて殺されると思った猿は、出て来て、

「婆さん、米は自分が搗くから、婆さんは休んで下さい。ここに座って下さい」と言ったら、婆さんは喜んで座った訳さ。そしたら猿は、臼の中の米をゾーと外にこぼして、

「婆さん、その米を拾って下さい」と言って、婆さんが拾っていると、臼を倒して婆さんを押しつぶして殺した。殺して、ジューシーにして置いたら、息子は帰ってきて、それを知らずに食べたそうだ。食べたら、猿は笑って、

「ウヤホヤー（親を食べた人）、ウヤホヤー（親を食べた人）」と言った。

自分を殺そうとしたから、猿は仕返しをしたような

気持ちになって、

「ざまあみろ、ウヤホヤー、ウヤホヤー」と、笑いながら逃げて行った。こういう話。

語り手　大川　大浜マツ

(1) ジューシー（雑炊。おじや。沖縄でヤファラジューシーとか、ボロボロジューシーなどと言われる調理法の一つ）

伝承の窓

およそ沖縄には、猿は生息していない。八重山諸島においても、同じことである。それにもかかわらず、猿の登場する昔話はかならずしも皆無ではない。昔話は虚構の世界に羽ばたく物語なのである。しかしその伝播の波は、やはり近代になって生じたものにちがいない。

おそらくこの例話もそうである。元来、この昔話は本土ではよく知られた「勝々山」の一類型に属するものである。それは次のような話型をもって伝承されている。

1. 爺が畑を耕していると、狸（猿・狼・狢《むじな》・狐）が来てからかうので捕まえる。
2. 狸汁にするからと言って、縛って婆に預ける。
3. 狸は婆に米を搗いて手伝うと欺いて、縄を解かせて婆を殺す。
4. 婆に化けて爺に婆汁を作って食わせて逃げる。

例話の語り手である大浜マツさんは、明治三十一年生まれの方で、ご先祖は桃里のお役人だった由。話をうかがった昭和五十年当時はすでに八十七歳であられたが、なかなかの語り上手であった。このほかに「雀孝行」「親不孝の子」「継子の生肝」「姉と弟」など十数話を語っておられる。

石垣島への近代化の波は、意外に早いことに、わたくしどもはしばしば驚かされる。大浜マツ媼の昔語りも、それを知らせる一つであろう。

33 弟の知恵

石垣に、ムラーヤー[1]という家があったそうだ。貧乏人の子だくさんで、男の子ばっかり七名おったが、両親が早くに死んでしまい、後に残った男の兄弟たちは財産も無く、たいへん困っておった。

ところが、兄さんがしっかりしておったので、それぞれみんな一生懸命働いておった。十人十色で、この兄弟もそれぞれ性質が違っておったが、さすがに一番上の兄さんは兄さんだけあって、しっかりしておって、弟たちをいろいろ指示して毎日働いておったので、次第にこれまでの貧乏生活からも抜けつつあったらしい。次男は大人しくてまじめな性質で、三男から後は怠け者やきかん気者がおったり、いたずら者がおったり、荒っぽい者がおったらしいが、別に喧嘩するでもなく、みんなが楽しく暮らしておったそうだ。

ある日、いちばん上の兄さんは、いちばん下の弟を連れて山に薪《まき》を取りに行き、次男の弟に言いつけて、あとの兄弟は全部畑にやったそうだ。

さて、いちばん末の弟と二人で山に行った兄さんは、薪を取るのに一生懸命だったが、ふと、木の上に止まっているツクグル[2]を見つけたそうだ。ツクグルというのは梟《ふくろう》のことで、ツクグルは暗い木陰に止まったまま、じっとして動かずにいたそうだ。

「いいのを見つけた」と、兄さんは早速そのツクグルを捕らえて来た。弟はその怖い格好の鳥を見てびっくりして、

「兄さん、一体これはなんという鳥ですか」

「うん、これがツクグルだ。さあ、今晩はこれを潰して、ご馳走しよう」

弟はびっくりして、

「兄さん、こんな恐ろしい顔をした鳥が食べられるんですか」

「うん、おいしいぞ。今日はみんな畑で疲れて来るから、今晩はこれでご馳走して喜ばしてやろう」

と、二人夕方帰って来ると、早速弟に言いつけて、このツクグルの料理をさせたそうだ。

　さて、弟の方は、ビクビクもので、本当にこんな怖い鳥が食べられるだろうか、と思っておったらしい。鶏の料理をしたことは幾度もあるが、まだ、こんな鳥を料理したことはない。しかし、兄さんの言いつけだから、やらないわけにはいかない。

　さて、ツクグルのお汁を作ったところが、本当にこんな怖い鳥が食べられるんだろうか、とビクビクしながら、ちょっと味見をしたところ、そのおいしいこと。びっくりして、

「これはおいしいぞ。さて、これは鶏どころじゃない。こんなおいしいお汁は」

ところが、見ればそう幾らもない。これを七人のものに分けるとすると幾らも残らない。なんとかして、一人で平らげる方法は無いものかと、考えておったそうだ。

　そのうちに畑に行っておった兄さんたちが、ゾロゾロ帰って来た。

「ああ、疲れた」。それぞれ井戸端に行って手や足を洗って、家の中にドカドカ上がり込んで来た。

「さあ、ご飯だご飯だ」と、みんな急いでご飯の催促をしておった。弟は早速、夕飯の支度をして、

「さあ、兄さんたち、今日はいちばん上の兄さんがツクグルを捕らえて来て、そのご馳走ですよ」

こう言って、みんなを座らせたが、

「しかし、兄さんたち、これを食べたことがありますか」

「うん、まだだなあ」

「こんな怖い鳥が本当に食べられるだろうか。ちょっと私が味見してみましょうね」

みんなの前でお椀にちょっと汁を入れて味見したところが、一口二口お汁を飲んだ末の弟は、真っ直ぐ立ったまま黙っておった。そして、お椀を下に置くと、顔は真っ直ぐ前を睨み付け、そのままで、大きな目ん玉をギョロギョロ回しておる。

しばらくして、ちょうどツクグルのような声で、

「コー、コー、クックッ」、ツクグルそっくりの声を出して鳴き始めたそうだよ。

兄さんたちがびっくりして目を丸くしておると、また、

「コー、コー、クックッ」とやるので、兄さんたちはびっくりして、

「これはたいへんなことになった。弟はツクグルを食べて、とうとうツクグルになってしまった」と。

で、みんな、そこから逃げ出してしまった。末の弟はそれを見て、にっこりして、大急ぎで鍋のそばにドッカと座り込み、そのお汁を一人ですっかり平らげたそうだ。

兄さんたちは、すぐに逃げたものの、弟のことが心配でならないから、

「おい、どうしたんだろうか。今頃は羽が生えて飛び出すかも知らんぞ。行って見てみようじゃないか」と。おっかなびっくりで、こわごわ戻って来て、首を出して覗《のぞ》いて見たそうだ。

するとどうだろう。弟の方は、鍋のそばに寝ているじゃないか。

「おや、寝ているぞ」

そばへ寄って見たら、なんとこの鍋の中は空になって、弟は大きくなったお腹をさすりながら、ウンウンうなっておったということだ。

語り手　登野城　竹原孫恭

(1)　ムラーヤー（屋号）

(2)　ツクグル（マヤツクグル。リュウキュウコノハズクのこと）

伝承の窓

柳田国男は、『日本昔話名彙』の分類で、関係昔話に〔兄弟の優劣〕を掲げ、「兄弟話」「弟の出世」「姉と弟」「三人兄弟」をあげている。これは柳田ならではのもので、後の関敬吾氏の『日本昔話大成』も、稲田浩二氏の『日本昔話通鑑』も、かならずしもこれを受け継いではいない。日本人の民族性を明らめようとした柳田の洞察力の深さを感じないわけにはゆかない。

その「弟の出世」で柳田国男は、宮城・山梨・徳島の伝承事例をあげているが、およその話型は、次のように要約できる。

1．三人の兄弟が父に修業に出され、別れ別れになって、長男は大工、次男は左官、末弟は泥棒になって帰る。

2．庄屋が末弟の技を試そうと、千両箱を枕にし、召使いたちに守らせるが、末弟は庄屋を眠らせ、召使いたちを迷わせて、千両箱を盗み出す。

3．末弟は庄屋のあと継ぎにされる。

子どもには、あまり語ってはならない昔話ではあるが、それが昔話の面白さである。末弟の力の強さを主題とする「三人の兄弟」に準ずる昔話であるが、これは末弟の「知恵の働き」を強調する伝承である。

さてこの主人公の「知恵の働き」のみごとさを主題とする「弟の出世」は、完形昔話（本格昔話）に分類される。これをやや誇張して語る「知恵の働き」は、笑話化する。柳田国男はそれらの話群を派生昔話と分類した。一般には「笑話」に分類されている。右の例話は、今のところ、本土に伝承例が見出されてはいないが、柳田ならば、この例話は派生昔話に分類したと思われる。

ところで、この33話「弟の知恵」は、竹原孫恭さん（明治三十九年生まれ）が自ら語られたものである。竹原さんは、長らく小学校の教員をつとめてこられたが、子どもの頃にはお祖母《ばあ》さんからふんだんに昔話を聞いておられた。やがて人の勧めもあって八重山の昔話を収集されていた。わたくしどもの昭和五十年、五十一年の聞き取り調査にも参加されて、いろいろとご指導をいただいたのであった。しかも、昭和五十三年には、自ら収集した伝説・昔話を『ばがー島　八重山の民話』として刊行されている。地元の方が出される民話集は、伝承の意義を実感によって書かれるので、きわめて貴重である。その竹原さんは、わたくしどもの聞き取り調査に参加した学生たちに、自ら幾つかの昔話を語っておられたのである。その一つが右の例話であったが、これは竹原さんの編著には収載されていない。「石垣に、ムラーヤーという家があったそうだよ」と語りはじめておられるので、石垣において聞き取られたものにちがいない。ほかに伝承事例の報告は聞いていない。竹原さんあって、この伝承は世に出ることになったわけである。ありがたいことである。

34　雲雀《ひばり》と死に水

昔、天の神様が雲雀を使って、地上に、皮のむける生き水と、ただの死に水を二つ贈られたそうだ。本当は、皮のむける生き水は人間にくれて、蛇には死に水をあげるということで、あの雲雀は持って来たそうだが、蛇が皮のむける生き水を浴びて、人間は死に水を浴びたそうだ。

それから、蛇は脱皮し新しく生まれかわり、人間は死んでいくことになったそうだ。それで雲雀は、たいへんなことになったと、「チンチンチンチンチンチンチンチン」と泣いて、天地の間を行き来しているそうだ。それで八重山の方言では、雲雀をチンチンナーと言うそうだ。

語り手　石垣　宮里英友

伝承の窓

雲雀は、体の上面と胸とは褐色で、黒褐色の縦斑がある。下面は淡色で、頭に小さい冠羽がある。全長は約十四センチメートルの小鳥である。沖縄では十一月から四月にかけて見られる。繁殖期に雄は、さえずりながら空高く飛んで縄張りを宣言する。飛び立ちの際、あるいは飛翔中に、太い声でビルゥ、ビルゥと鳴く。水田の刈り跡や丈の低い草地に住んで、地面を歩きながら草の実や昆虫を探して食べる。また天空では、チンチン、チンチンと鳴く。

沖縄の離島、つまり宮古諸島や八重山諸島においては、この雲雀が、天の神様に若水を人間に届けることを託されながら、みごとに失敗したという昔話を伝える。右の例話もそれである。その伝承の実際は、もう少し複雑である。その生命再生の水は、例話のように「生きる水」という場合もあるが、「若水」とする場合が多い。その話型をあげよう。

1. 天の神様が、雲雀に人間の許に若水を届けるさせられる。
2. 途中、雲雀は若水を放り出して苺《いちご》をむさぼって食べる。
3. その隙に蛇がその水を浴びてしまう。それで蛇は毎年脱皮して長生きするようになった。
4. 人間には雲雀から、その残り水がとどけられ、手足の爪だけが生え変わるようになった。
5. 雲雀は天の神様に、その経緯《いきさつ》を報告すると罰が与えられ、体がしばられ、小さく足が細くなったという。

この昔話は、宮古・八重山の人々が、天の神の営みの神秘を雲雀に託したもので、その想像力のみごとさに、強い感銘を抱く。が、石垣島の隣の竹富島からは、次のような伝承が報告されている。それは、雀と雲雀対照して語るものである。それを要約してあげてみる。

昔、雀と雲雀は兄弟であった。ある時兄の雀が天の神さまから、人間に若がえりの薬を届けるように命じられた。雲雀は人間の許へ行く途中、赤く熟した苺を見付けた。そこで雲雀は、その薬を道端に置いて、苺の実を腹いっぱい食べていた。その隙にハブがやってきて、その若返りの薬を体いっぱいに塗り付けてしまった。それでハブは、体全体が若返ることになった。雲雀は天の神様に、その旨を報告すると、神様は大変に怒られて、雲雀の足を縄で強く縛り付け、三日間の罰を科せられた。そのため雲雀の足は、今に小さく細くなったという。

天の神様は、今度は、弟の雀を使って、少ししかない若返りの薬を人間の手の先、足の先、それに頭に塗り付けさせなさった。それで人間の頭の髪は刈り取ってもまた生え、手足の爪は切っても切ってもまた伸びるようになったという。雀は神様の教えをよく守ったとして、白い手拭いを一本、褒美にいただいた。それで雀の首の回りは、今に白く印されているという。

（上勢頭亨『竹富島誌』民話・民俗編より）

さて、大正十五年八月、宮古島を訪れたロシアの民族学者N・ネフスキーが、この昔話に準ずる伝承を感動をもって聞き取っていたのである。その報告の内容を要約してあげておこう。それは、「月のアカリヤザガマの話」と題されている。

大昔、月と太陽が、人間に長命の薬を与えようと思われ、節祭《しつ》の新夜《あらよ》に、使いのアカリヤザガマに二つの桶を担がせて地上に降ろさせる。桶の一つには変若水、もう一つには死水が入っており、月と太陽は、人間には変若水《しりみず》、蛇には死水をあびせよとアカリヤザガマに命じられた。

ところが、アカリヤザガマは、その途中で休んで桶をおろし、道端で小便をしている間に、蛇が現れて、変若水をあびてしまった。アカリヤザガマは天に帰って、その経緯《いきさつ》を報告すると、太陽は怒ってアカリヤザガマに、人間のある限り、宮古の青々としている限り、桶を担いで立っていろと命じられた。それでアカリヤザガマは、今の月の中にいて、桶を担いで立っているという。

（N・ネフスキー・岡正雄訳『月と不死』より）

すなわち、これは昔話というよりは、人間の生命の源を月に求める天空神話に属する伝承というべきである。N・ネフスキー氏は、最初に平良出身の郷土研究家・慶世村恒任氏よりこれを聞き取っている。それは慶世村氏が祖母より聞いたものであるという。しかしネフスキー氏は、それにとどまらず、宮古島、伊良部島の各地の古老から、これと同じ伝承を聴き取っている。ロシアからやってきた若い民族学者の感動はただごとではない。昔話の向こうに、聖なる神話を覗《のぞ》き見ていたのである。

35 雀孝行（一）

昔、親が重病をして、息を引き取る間際になって、旅に出ている妹の雀と姉の蝙蝠《こうもり》にこのことを知らせたそうだ。妹の雀は、

「ああ、これは大変だ」と、着の身着のままでやって来たので、親の死に目にあえたそうだ。

しかし、姉の蝙蝠は平素から怠け者で、何も着る物も無い。それで、

「自分は裸のままでは行けない。夜になってからでなければ、行けない」と言うて、日が暮れてから行くと、その時にはすでに親は息を引き取っていたそうだ。

それで、そこに同座していた一族の人たちや先祖が、

「お前のような親不孝者は、この世にそのまま置けない。よそ様と同じ行動をさせるわけにはいかない。お前は止まる時も、逆さまにぶら下がって止まれ。飛ぶのも、夜だけにしろ」と。それで、蝙蝠は必ず夜飛ぶようになり、また止まる時は、逆さまになって止まることになったそうだ。

語り手　石垣　東　永一

36 雀孝行（二）

昔、雀と烏《からす》がおった。雀はちょうど機織りしておる時に、親が病気だという知らせを聞いたので、取る物も取らず、自分のこの織ろうとしているカセ（織り糸）を、肩から掛けたまま飛んで行って親の面倒をみたので、親は助かったそうだ。それで、後々までも孝行だと言って、雀は人家の近くに住むようになり、そこに落ちている物を、自由に食べて心安く暮らしておるということだよ。

烏は、親の病気の知らせを聞いたが、カセを染め、着物を織り上げて、それを着て行ってみたら、親はとうに亡くなっておったそうだ。それで、烏は親不孝者と言われている。

語り手　石垣　糸数　鶴

37 雀孝行（三）

雀と燕《つばめ》が話すことには、

「私たちの親が病気をしているから、お見舞いに行って来ましょう」と、雀が燕に言うと、燕は、

「自分はこんなに汚い着物を着ておるから、着替えてから行く」と言ったので、雀は、

「自分は着替えずに、破れた着物でもかまわないので、とにかく、早く行く」と言って、親の病気のお見舞いに行ったそうだ。

そしたら、雀は親と話もでき、死に目にもあえたらしいよ。燕は、着物を着替えて行くまでには、親が亡くなってお話をすることもできなくて、

「ああ、残念だ」と言って帰ったそうだ。

それで、

「あんたは親孝行者だから、人の住んでいるところに住みなさいねえ」

と言われて、雀はいつも屋根の下にいるということだ。

逆に燕は親不孝者だから、雨が降っても、風が吹いても、いつも外にいるようになったそうだ。

語り手　登野城　内間ヨシ

伝承の窓

この例話「雀孝行」は、日本全国にわたって伝承されてきた孝行の物語である。短い小話であるが、常に食をはんでいる雀の生態をみると、これに共感しないものはおるまい。それは、奄美・沖縄にも濃厚に伝承・分布し、八重山・石垣島にも及んでいる。

ただその終わりの変化は、相手となる不孝者の鳥に示される。例話でも35話は蝙蝠、36話が烏、37話が燕となっている。燕がもっともポピュラーであるが、啄木鳥《きつつき》であったり、川蝉《かわせみ》であったりする。その生態にもとづくもので、それが地域差ともなる。

ところで、この「雀孝行」の人気は、なにに由来するのであろうか。それは長く日本人が仏教思想によってものごとを考えてきたからである。日本における動物昔話の中心は、鳥獣草木譚《たん》であり、その前生譚（物語）である。分類の上で、これを重視したのが、柳田国男の『日本昔話名彙』である。柳田の炯眼《けいがん》である。人間の前生を認めるのが仏教思想である。それは鳥獣草木にも及ぶ。しかしその前生譚は、インド（天竺）の本生譚にもとづくと言える。

この仏教思想によって親孝行を説く小鳥前生譚が生成された。34「雲雀と死に水」、38「雨蛙不孝」、39「ツクグル不孝」もこれに類する。仏教の影響のゆるやかな南島・沖縄においてさえ、容易にこれが受け取られてきたのはなにか。それは、これらの伝承が、鳥獣の生態の不思議をみごとに言い当てているからであろう。つまり自然の神秘は、イデオローギィを越えるということである。

38 雨蛙不孝

親は子供を使いに出すことがある。ところが、その子供は、親が、

「海から上がる潮を持って来なさい」と言うと、河原から川の水を持ってくる。また、

「河原に行って川の水を持って来なさい」と言うと、海のものを持って来たりして、いつも反対のことばかりしていたそうだ。

そこで親が死ぬ時に、

「自分が死んだら、海の方へ持って行って捨てなさいね」と言ったら川の方に持って行って捨てたさ。捨てたら、川の水がたくさん出て来て、親の骨をみんな流してしまった訳さ。そこで、その子供は青蛙になって、

「うちの親はこっちに埋めたけどなあ。こっちであったけどなあ。こっちだった、こっちだった」

と言って、クマダッタ、クマダッタ、ガボーン、ガボーンて鳴いている訳さ。

語り手　登野城　新本　栄

伝承の窓

この「雨蛙不孝」は、本土各地に伝承される雨蛙の前世譚である。その話型もきわめて単純である。

1．子供が何事にも反対するので、親は死ぬとき、山に埋めてもらおうと、子どもに川端に埋めてくれと頼んで死ぬ。

2．子供は反省して、遺言通りに川端に遺体を葬る。

3．雨蛙になった子供は、雨天になると、親の墓が流れるのを心配して鳴くようになる。ただし本土の伝承事例では、その鳥獣は雨蛙に限らず、むしろ「鳶不孝」とする場合が多い。沖縄における伝承は、例外なく「雨蛙」である。しかしその伝承は、沖縄本島と八重山諸島においては、大いに語られているが、宮古諸島においてこれを聞くことは稀である。雨蛙が生息する自然に違いがあるのかと推される。

ところで、八重山地方では、即興的に唱え言「ユングトゥ」（誦言）が、今日でも盛んに演じられている。そのユングトゥは、滑稽な内容をもつものが多く、宴席などで演じられる。またそのユングトゥには、昔話を題材とするものが少なくない。この「雨蛙不孝」もその一例である。先年、竹富島でそれを聴き取っているので、参考に紹介しておこう。生盛康安さん（明治三十九年八月十八日生まれ）の唱えられた「雨蛙不孝」のユングトゥである。ちなみにこの生盛さんは、竹富島の仲筋の「種子取祭」において、その芸能の統括をなさるホンジャーを務める古老であった。そのホンジャーは、その奉納芸能において、最初に舞台に登場し、豊作の祈願をした後、村の役人様に芸能上演の許可をいただく口上を申したてる役である。

一、我《ば》ぬどぅいみしゃから、ふんでー者《むぬ》やーりっ
　てぃ、親《うや》ぬゆし言《ぐとぅ》ん、耳《みん》な入るな居《ぶ》り。
　俺は小さいときから、甘えん坊者だったので、
　親の言うことも、耳に入れないで居り。

二、右てぃ言じおりば、我《ば》んな左てぃ言じ、
　東《あい》てぃ言じおりば、我《ば》んな西《いる》てぃ言じ。
　右と言えば、俺は左だと言い、
　東と言えば、俺は西と言い

三、親《うや》とぅ反対し、居《ぶ》るたるゆ我《ば》んな。
　親と反対して、居たんだ俺は。

　親《うや》やいなむぬし、病《や》みゆくいどぅおる。
　親は残念だと、病気になって横になっていた。

四、我《ば》ぬ呼《や》らびおった、おーてぃ行《は》り見りやどぅ、
　俺を呼んだので、はいと言って見たところ、

五、我《ば》死ぬた墓や、川端《かわばた》な作り。
あし話しおりてぃ、まーらしおりねねヨ

六、くり一度《いちどぅ》やらばん、親《うや》ぬ声《くぃ》守ら。
墓や川端に、作りてぃ葬り、

七、戻《むどぅ》りや雨《あみ》降り、雨《あみ》や強《しゅー》りどぅ降る。
夜《ゆー》ぬ明きた早《はい》さ、墓参り行きば、

八、墓や探《とぅ》みらるぬ、流さりはりねぬ。
風《かじ》ぬ便《たゆ》りはら、親《うや》ぬ思《うむ》いや、

九、墓や山頂《しじ》てぃ、思《うむ》いおーりとぬどぅ。
反対どぅしりばてぃ、川端てぃ言じゅた。

十、其り聞《し》き我《ば》んな、あまぬにたさに
涙《なだ》ぬゆしまるぬ。雨《あみ》ぬ降る時《とぅき》や、
親《うや》ぬ事《くとぅ》思《うむ》い　我《ば》んな鳴き居《ぶ》るゆ。

俺が死んだら墓は、川の端に作りなさい。
そう話しておいて、亡くなってしまったヨ。
この一度だけでも、親の声は守ろう。
墓は川の端に、作って葬り、
戻ると雨が降り、雨は強く降っている。
夜が明けると早くに、墓参りに行ったが、
墓は探せない。流されてしまった。
風の便りに、親の思いは、
墓は山頂と、思っていたんだが。
反対するからと、川端と言ったんだ。
それを聞いて俺は、あまりにも悲しくて、
涙は止まらない。雨の降る時は、
親のことを思い、俺は鳴いているのだ。

39 ツクグル不孝

ツクグルという鳥がおるがね、ツクグルというのはコノハズクのことだよ。この鳥は親不孝者で、カラスは親孝行者だという話なんだ。

なぜそういうことになるかというと、ツクグルはね、雛から育って、だんだん大きくなって、飛び立つ頃になるとね、親を食って飛び立つらしい。そのために、この鳥は親不孝者と言われ、数も増えないそうだ。

反対にカラスはね、大きくなって飛び立つ頃になると、羽が抜けて飛べなくなった親のために餌を運んで親に食べさせるということで、カラスは親孝行の鳥だと言われておる。まあ、カラスというのは非常に利口な鳥で、数は七つまでは数えることができると言われておるんだ。

語り手　登野城　牧野　清

伝承の窓

本書にはツクグル（梟）に関する話が、16「ツクグルに滅ぼされた村」と33「弟の知恵」に見られるが、例話では、親孝行のカラスと対照的な親不孝の鳥として語られる。その訳《わけ》は、カラスは飛べなくなった母親のために餌を取ってきて食べさせるが、ツクグルは成鳥すると自分を養育した母親を食べてしまうからだという。

語り手の牧野清さんによれば、これは登野城の長老宮良當勉さんから聞いた話で、當勉さんは若い頃、川平の山の中で仕事をしていた時、本土の人から教えられたと話していたという。

宮良當勉という人は、明治二十五年二月十九日生まれで、平成元年に九十八歳で亡くなっているが、若い頃は山師《やましやー》の仕事をしていた。山師はだいたい四、五人一組になって山に入り、山小屋を作って何日間も山中で生活しながら建築用材の伐木、搬出にあたっていたという。そうした仕事の関係で出会った本土出身者からこうした話を聞き、それを牧野清さんに語ったのであろう。

これは梟と烏の実際の習性とは無関係で、中国に古くから伝わる故事にもとづくものである。すなわち、後漢の許慎《きょしん》が著した中国最古の字書『説文解字《せつもんかいじ》』（西暦一〇〇年頃の成立）には、烏は反哺《はんぽ》（口移しで餌を与える）する孝鳥で、梟は母を食べる不孝鳥と見える。また明の植物学者・李時珍が著した『本草綱目《ほんぞうこうもく》』には、カラスは生まれた時、親鳥が六十日間、口に食べ物を入れて養い、子は成鳥すると、親に六十日間、口移しで食べ物を食べさせるため慈孝なりと記されている。一方、梟は成鳥すると母を食べてしまうので、夏至にこの鳥を磔《はりつけ》にした。それでふくろうの字は木の上に鳥の字を書くのだと記されている。

こうした中国の故事は日本にも伝わり、江戸時代後期の劇作者・滝沢馬琴の随筆『燕石雑志《えんせきざっし》』にも「梟は不孝の鳥なり。雛《ひな》にして父母を啖《くら》わんとするの気あり」とある。「慈烏反哺《じうはんぽ》」という四字熟語や「烏に反哺《はんぽ》の孝あり」ということわざも生まれている。

沖縄でも「ガラサーやウヤコーコームン（烏は親孝行者）」という話を語る人はいるが、梟不孝の伝承はほとんど聞かない。

40　タキヌハイズの片平由来

八重山では、おいしい魚は、竹の葉に似ているのでタキヌハイズ(1)と言っておるよ。

これは龍宮の神様が、

「どういう魚が一番おいしいかなあ」と言って、海に棲むすべての魚を食べ合わせてみたところ、比目魚《ひらめ》と鰈《かれい》が非常においしかった。食べた跡がどうなっているか見ると、どれも片平《かたひら》(2)になっている。それで龍宮の神様は、

「これは一番おいしい魚、自分が食うべき魚だから、これを人や他の者に絶対に取られんように、地球と抱き合って〈海底の砂地を這って〉、上の方には決して浮き上がって泳いでいかんよ」と言うているのが、この魚の由来だと。

語り手　大川　大浜英三

(1)　タキヌハイズ〈竹の葉魚。鱗《うろこ》の模様が竹の葉を並べたようになっていることに因る〉

(2)　片平〈片方しか身がないので、比目魚《ひらめ》や鰈《かれい》を八重山方言でカタピィサイズという〉

伝承の窓

この例話は、聞くことが希有な話である。が、類似の由来譚を奄美・徳之島で聞いている。昭和四十六年の聞き取り調査で、徳之島町神之嶺の前田長英さんが語られた昔話である。前田長英さんは大正十年生まれで、当時は比較的お若いのに、みごとな語り手で、シマクチ（方言）でもヤマトクチ（共通語）でも、自在に語ってくださっている。「比目魚《ひらめ》由来」と題する昔話である。その要約をあげる。

1. むかし、おしゃべりで、根性の悪い、子守りの子がいた。
2. 大雨のとき、その子守りは、大人の言うことを聞かず、浜に降りて長いこと立っている間に、背中の子供は死んでしまった。
3. 大人が、背負った子を山に入って埋めろと言うが、子守りは海に入って行く。
4. ネィラの神（海上の彼方におられる神）は、その子を海の底へ引き込んで、体半分に裂き、比《ひ》目魚《らめ》にされた。
5. その目の一つは、子守りの目、もう一つの目が、死んだ子の目になったそうだ。

ちょっと怖くて悲しい物語である。類話は少ないが、わたくしどもは、それを奄美大島北部の龍郷町においても聞いている。

なお本土の海浜に、この類話を聞くことは、いまだない。ただ体の半分を裂いて、山中の魚となったとする伝承が、西日本の山間地帯に伝わっている。自分たちの住む清流をきよめてもらった山椒魚の母子が、身を半裂きにして恩を返したとする「魚女房」の一種である。それを伝える地域では、山椒魚を「はんざき」と称する。魚の生態の不思議を昔話に求めている語りは、「比目魚由来」にも通ずるように思われる。

41 猿の生肝

昔、竜宮の神様がご病気をされて、お医者にかかったところが、猿の肝臓がいちばん薬になると言われたそうだ。そしたら、誰が陸に上がって猿の肝臓を取って来るかということになって、亀が陸にも上がれるから、亀にその役を命じたそうだ。

それで亀は、もう一生懸命に泳いで陸に上がって、猿が木の上におったので、

「猿さん、あんたは竜宮城という所に行ったことがないでしょ」と言ったら、

「いや、行ったことはないよ」と言ったそうだ。

「そんなら、私の背中に乗りなさい。今日、あんたを竜宮城に連れて行って見せますから」と言って、たくみに猿を騙して乗せて来たそうだ。

ところが、途中、蛸が出て来て、猿に向かって、

「おい、猿。あんたは今、亀に騙されておる。あんたの肝臓を取るために連れて行こうとしているよ」と、蛸が言ったので、猿は利口だから、

「亀さん、亀さん、俺はね、自分の肝臓は陸に忘れて来たから、陸に戻って取って来よう」と言ったそうだ。亀は肝臓が欲しいもんだから、

「そんなら、戻ろう」と言って、陸まで連れて行ったそうだ。そうしたら、猿は飛び降りて、

「貴様、俺を騙して、肝臓を取るために連れて行ったなあ」と言って、大きな石を持って亀の甲に投げつけて、その甲を皆割ってしまったそうだ。

亀が甲を割られて泣いて帰ってきたもんだから、竜宮では、

「どういう訳か」と聞いたら、

「途中まで、私はうまく猿を連れて来たけれど、蛸が出て来て『あんたの肝臓を取るために連れて行こうとしているよ』と猿に教えたもんで、猿は『俺の肝臓は陸にあるよ』と言う。仕方がなくて、陸へ連れて行ったところが、猿は飛び降りて、大きな石でもって私の背中をこんなに割ったのです」

「そうか、そんなら蛸を連れて来い」と言って、蛸を連れて来て、臼に入れて、罰として粉々にしたそうだ。

そしたら、蛸は、骨は骨、身は身になって、その骨はみんな臼から飛び出たので、ハリセンボンがそばに来て、

「ああ、こんなに新しい骨を捨てるのか」と言って、自分の体にみんなくっつけたので、ハリセンボンになったそうだ。それから、蛸はまた、骨が無いようになって、亀はまた、あんなに甲がみんな割れておるそうだ。

語り手　石垣　宮里英友

伝承の窓

この「猿の生肝」も、本土において広く語られる昔話である。「海月《くらげ》骨なし」と題される場合が多い。その話型は、

1. 竜宮の乙姫が病気になる。亀が使者として、肝を取るために猿を連れて行く。
2. その生肝を取られることを、海月（蛸）が猿に密告する。
3. 猿は生肝を忘れたというので、再び連れて帰ると、猿は逃げてしまう。
4. 海月は骨を抜かれ、亀は甲を割られる。

となる。猿の生息しない沖縄各地にも、ほぼ同じ話型によって語られている。勿論、海のなかの八重

山諸島においても、各地において伝承されている。また先の「雨蛙不孝」などと同じように、ユングトゥ（誦言）としてもしばしば演じられている。

あえて言えば、そこに登場する者が、やや異同する。例話でもそうだが、八重山地方では、最後に「針千本」が登場する。針千本は、なかなかの珍味であるが、海に上がると針千本に豹変する。人間にとっては愉快な魚である。

さて、この「猿の生肝」の昔話は、日本のみならず、世界各地に伝承されていることで知られている。国際的には「心臓を忘れた猿」と題され、広く分布する。その原型は、古代インドの説話集「パンチ＝タントラ」やジャータカ（本生経）に、猿と鰐《わに》の組み合わせで見えている。その組み合わせは、伝承する地域によって、いささか異同する。朝鮮では兎と亀、タイのシャン族では猿と鰐、チベットでは猿と亀の組み合わせで語られている。東ヨーロッパにも、アフリカにも、南アフリカにも、その類話が伝承されている。

42 食わず女房（対訳）（意訳）

ある所《とぅくる》んがどぅ、あぬ、夫婦《とぅじぃぶどぅ》で居《おー》りてどぅ、めー毎日《まいにつぃ》、御飯《んぼん》や炊《ま》かしい、出《いだ》しょーるそんがどぅ、相対《たんかーまんかー》し、おいしょーらなーきどぅ、うぬ主人《あるぜー》、めー、珍《みじぃ》らさでんき、

「何《のー》で、斯様《かんじ》、妻《とぅじぃふぁ》でんき連《さー》るかよー、対等《まーたき》に、御飯《んぼん》ゆん、相対《たんかーまんかー》(1)し食《ふぁ》ばどぅ、面白《うむさ》んあそんが、斯様《かんじ》、御飯《んぼん》ゆん食《ふぉ》いゆんかやー」でぃ、あんまり珍《みじぃ》らさーりき、

「一緒食《まーぞんふぁ》い」であんかーばん、食《ふぁ》いひゅーなきどぅ、

「くれー、不思議どぅやりきぃ、とにかく、外《ふか》かい行くなつけし、様子見ゆなーか、ならぬ」でぃんぎ、

くぬ夫《ぶどぅ》なろーる人《ぴとー》、蓑笠《みぬかさ》ゆん出《いだ》しょーりて、

「御飯《んぼん》ふなやーみーり。畑《はたぎ》かい行きて来《くー》」でぃぐだ、

「おー」でぃんぎ、御飯《んぼん》ふなや(2)おいして、夫《ぶどー》、

あるところに、夫婦がおって、

（妻は）毎日、ご飯を炊いて、食事を出すけれども、一緒に食べないので、

その主人〈夫〉は、もう、珍しいと、

「なぜ、こうして妻として連れ添っていれば、対等に、ご飯も一緒に食べた方が、楽しいのに、一向にご飯を（一緒に）食べてくれないのか」と、あまりに珍しいので、

「一緒に食べなさい」と言っても、食べてくれないので、

「これは不思議なことなので、とにかく外に出かけるふりをして、様子を見てみなければ」と言って、

この夫は、蓑笠を出して、

「御飯を入れてくれ。畑に行ってくるから」と、言ったら、

「はい」と、御飯を入れて渡して、夫は、

めー、御飯《んぼん》持《む》ちて、「畑かい」でぃんぎ回《まーろー》り、後方《しんた》から回《まーろー》り。出《い》でぃ真似《まーび》しょーりてどぅ、裏から回《まーろー》り、天井かい上がりて、天井なんが様子見るんで、おーるんけんどぅ、なら、出《い》で行《は》りったでぃんぎ、くぬ女《みーどぅん》や、出《い》でー来《きー》、鍋釜《なびかま》開けー、御飯ゆん汁《する》ゆん入れーて、外かい持《む》ち

行《は》ったどぅ、

「珍《みじぃ》らしむぬ、外《ふか》んが行きどぅ食《ふぁ》かやで思い居《う》るんけんどぅ、外なんが、めー一人《ぴとぅりぃ》、夫《ぶどぅ》ぬ居《ぶ》り、隠《かく》り夫《ぶどぅ》ぬ居《う》りり、うりかい、持ち行き、食《ふぁ》して、取らして、来どぅ、自分《なら》や、また鍋から御飯入れ、食《ふぁ》すんがどぅ、口《ふちぃ》ん、とにかく、有《あ》そんがどぅ、口からどぅ食《ふぉー》かやで思い、なーい天井んが見やるけんどぅ、めー、頭《ぴぃるぎぃ》(3)かい、ただー、御飯《んぼん》から汁《する》から　取《とぅ》れーや、入《い》り入りしーだーどぅ、

夫、めー、うれー見やーて、怯《うば》やー、

「はぁー　くれー、普通ぬ人間あらんばんらー、鬼《うん》どぅやれんらー。ゆーどぅ、私《ばぬ》とぅ一《まー》緒《ぞん》、物食《むのーふぁー》なれんらー」で思《うむ》いって、怯《うば》やー、

もう御飯を持って、「畑へ」と言って回り、後ろに回って出かけるふりをして、裏に回って天井へ上がり、天井から様子を見ようとしていると、自分が出て行ったと思って、この女は出て来て、鍋・釜を開け、ご飯や汁を入れて、外へ持って

行ったので、

珍しいことだ、外に行って食べるつもりだろうかと思っていたら、外に、もう一人の夫がいて、隠し夫がいて、それに持って行ってあげ、食べさせて帰ってきて、自分はまた、鍋からご飯を入れて食べるのだが、口は、当たり前にあるので、口から食べるだろうと思って、そのままじっと天井から見ていると、もう自分の頭部に、しきりにただ、御飯から汁から、取っては入れ、入れしていたので、

夫はそれを見て驚いて、

「はあ、これは普通の人間ではなかったのだな、鬼だったのだなあ。どうりで私と一緒にご飯を食べなかったのだなあ」とわかって、驚き、

ドンって天井から落《う》とーるんけんどぅ、うぬ女《みーどぅん》や、すぐ　めー、うぬまま、午《んま》ぬ方《ふぁ》ぬ干《ぴ》瀬《ー》かい、風《かじ》んやーし吹きはったーどぅんぐ事。

また、

「うまんが居《おー》る者《むのー》　めー、のーしどぅ始《し》末《まつ》す」でぃんぎ、考えやーてどぅ、めー、早速《すぐ》、鍋《なび》なんが湯《ゆ》沸《ふ》かしーて、行き、うぬ壺《つぶ》開《あ》けんけんどぅ

「やー、私《ばな》、貴方《わー》、来《く》すとぅ待ちぃたるゆー。ぼーれーさ、来そー」でぃんぎ、うっちゃはなくんけんどぅ、うぬ本夫《ふんぶどー》、めー、湯《ゆ》沸《ふ》かし持《む》ち行き、すぐ上《うや》方《び》かん向《んか》うと即座《ふたげ》に湯《ゆー》かけ、くりゆ死《しぃな》なしーって、始末し、捨《し》てだどぅん事《くとぅ》どぅ、話《はなし》聞《す》かしょーたゆー。

(1)　たんかーまんかー（相対して向き合うさま）

(2)　ふなや（動詞「ふないん」は、容器の中に物を納める意味）

(3)　ぴぃるぎぃ（脳天。頭部）

ドンっと天井から落ちたところが、その女は、直ちにもう、南の海の干瀬の方へ、風のように飛んで行ったということ。

また、

「ここに居る者〈隠れ夫〉をどうして始末しようか」と考えて、早速、鍋にお湯を沸かして（持って）行き、この壺を開けると、

「ああ、私はあなたが来るのを待ちかねていたよ。よかった。来てくれて」と、顔を上にあげたところ、その男〈本夫〉は、お湯を沸かして持って行って、壺の上の方へ向かうやいなや、熱湯をかけて殺して始末して捨てたということを、話して聞かせてくれたよ。

語り手　登野城　川平繁

伝承の窓

この「食わず女房」の昔話は、本土においては、大変人気のある逃竄譚《とうざんたん》の一つで、広く伝承されている。その話型をあげると、およそ、次のようである。

1．男が飯《めし》を食わない女を嫁に欲しがる。

2．たまたま飯は食わないという女が訪ねてきたので、女房にする。

3．女房が飯を食わないので、隠れて女房の様子をのぞくと、頭の穴に飯を入れている。

4．女房を追い出そうとすると、女房は山姥（蛇、または蜘蛛）と化して、男を桶の中に入れて、担いで山に行く。

5．男は途中で、うまく逃れ、菖蒲と蓬の茂みに隠れる。（あるいは男を逃がした女房は、一旦、あきらめて帰る）

6．それから五月の節供には、菖蒲と蓬を軒に挿すようになった。（あるいは、蜘蛛と化した女房は、囲炉裏の自在鉤を伝って下りて来るが、男は仲間とともに、これを叩き殺す）

およそ東日本においては、女房の変化は蛇とするが、西日本においては蜘蛛として語られる。いずれも聞き手をはらはらさせる、みごとな叙述によって語られている。これに対して、沖縄の伝承は、例話のごとく、本土の伝承例とは大分違っている。その伝承例も少なく、近代になって沖縄に伝播された昔話と推される。

例話の「食わず女房」においては、女房に間男がいるなど、本土の伝承にはうかがえない叙述がみえる。おそらくは31「十五夜の由来」のそれを取り込んだものと推される。が、それは、いかにも八重山ならではの複合とも言える。

43 兄弟の仲直り（対訳）

ある所《とぅくる》なんが、兄弟二人《ふたーりぃ》ぬ居《う》りて、この兄弟ぬんどぅ、非常に友達《どぅしぃ》さーりぃ、美《かい》しゃーりて、めー、自分《どぅ》ぬ実ぬ兄弟さーれ、非常に仲ぬ悪く、めー、争《あい》たんがーにし居《う》りり。この兄弟や、兄《しじゃ》なたそー、くれー、自分《どぅ》や、めー、友達さーれ、美《かい》しゃ、まだ兄弟さーれ、めー、やにしゃーりき、くれー、本当《ふんとー》、何時《いちぃ》までぃ、あんじ行《はる》ゆー、まだ、あんじ、兄弟や、ぬーしどぅ、思《うむ》いるゆー、めー、心《くくる》ゆー、試《たみ》しむーなか、ならぬで。あんじ、くとぅし、あらゆる。

うれー、鉄砲持《む》ちゃりり、猪《うむざ》ゆ、射《いー》るんで、行くんけん、非常な、めー、まいしゃる猪《うむざ》ぬ、二人《ふたーりぃ》し持《む》つぁりしくぬ、めー、担《かた》みしくぬ、猪《うむざ》ぬ、射《い》られり、うそんが、自分《どぅ》や、めー、現在に、猪《うむざ》であんくくとー、射《いー》り、
転《くる》ばし置《ちぃ》きて、めー、
「くぬ心《くくる》ゆ、試《たみ》しむーなーか、ならぬ」でんぎ

あるところに、兄弟二人がおって、この兄弟は、非常に友達とは仲が良くて、自分の実の兄弟とは非常に仲が悪く、喧嘩ばかりしていた。この兄弟の、兄にあたる人は、自分の友達との関係は良いが、弟との関係は悪かったので、本当に、いつまで〈このような関係が〉続くのか、また、兄弟〈弟〉はどのように思っているのか、心を試してみなければならないと。そういうことで、

これ〈兄〉は鉄砲を持って、猪を射ようと行くと、非常に、もう、大きな猪、二人で持つくらいの、担ぐくらいの猪を仕留めておるが、自分は、実際に、猪という物を射て、
そのまま放置し、
「この心を試してみなければならない」と、

どぅ、めー、じぃちぇー、ひょっと、考い出し、めー、友達《どぅしぃ》ぬ家《やー》かい、帰《かい》り来《きー》て、猪《うむざ》よ、現場なんが置《ちぃ》きて、うんから、帰《かい》りき、家《やー》なんが、友達《どぅしぃ》かい、

「あー、俺《ばなー》や、今日《きゆ》や、めーだめー、人人間《ぴぃとぅにんぎん》ぬ、しーむさ、ねーぬくとー　しーねーぬ。めー、大変《でーじぃ》ぬ事《くとぅ》しーねーぬ。めー、起《う》きゃーみーりぃー、みーりぃ」、夜中《ゆなか》、どーれー、来《きー》、起《う》きりぃたー。くりゆ、めー、友達《どぅせー》、起けーき、

「何《のー》どぅやろーりゃ。まずよ、何《のー》どぅやろーるよ、うぬしくがら、心配《しゆばー》し、言葉《むに》あんこーる、そんが」で、あんくんけんや、

「はー、実《じち》えー、めー、猪《うむざ》でぃんぎ、射《いー》るんけんどぅ、めー、人《ぴとぅ》の射《いー》られーるでよ」でーあんくだー、くぬ相手めー、

「何《のー》し、人《ぴぃとぅ》ばどぅ射《いー》り。はー、君《わー》か、大変《でーじ》さー」で、友達《どぅせー》あんき、あんくだーめー、

「うれーて仕方ねーぬ。弾丸《たま》はらしねーぬむぬゆめー、何《のー》すばん、片付け、人《ぴぃとぅ》かい聞《しぃか》るんくに、片付け来《くー》ばどぅやるさー」でんきどぅ。

実は、ふと、考え出し、そして、友達の家に行き、猪は現場に置いて、それから、帰って来て、（友達の）家で、友達に、

「ああ、俺は今日、人間がしてはならないことをしてしまった。大変なことをしてしまった。起きてみて。起きてみて」と。夜中にもかかわらず起きた。これを、もう、友達は起きてきて、

「どうしたのか、いったい何事か。このように心配して話しているか」と言うと、

「実は、猪のつもりで射たら、人間が射られている」と言ったら、この相手〈弟〉は、

「どうして人を射ったのか。ああ君は大変だ」と、友達が言ったので、

「これは仕方がない。弾丸を射てしまったのだから、どうしても片付け、人の耳に入らないうちに片付けてこないといけないよ」と。

「君《わー》さーり一緒《まーずん》行き、俺《ばぬ》さーり、うんしく美《かい》しゃーだ　ちぃけんどぅ、誰《たる》かいん聞《しぃか》しぃさん、つくに、一緒《まーずん》片付けひーり、でんきどぅ、俺来《ばなーくー》さ」で、あんくたーどぅ、

「はー、絶対にならぬ。くれーめー、君《わー》、大変《でーじ》しどぅおーる。めー、うり聞《しか》りーごえか、俺《ばぬ》ん、めー、金網《かなめー》かい、警察《きーしぃちぃ》かい、そっかり行きき、俺《ばなー》はめー、絶対、君《わぬ》さーりめー、今日《きゆ》から、先《さきぃ》めー、付き合いんさーぬ。友達《どぅしぃ》んさーぬ。抜きどぅしい」で、あんき、

あんぐだー、うぬ人《ぴぃとぅ》め、

「はー、あんじ。君《わー》うぬしく、がらめー、俺《ばー》、めー、あんきゃん、聞《しぃか》ぬ。ある場所《ばしょ》、一緒《まーずん》食《ふぉ》い、飲む機会《ばしゅー》ん、飲みり、うぬしゅくがら、袖一つゆ、抜くばがらぬ友達《どぅしぃ》ぬ、今《なま》なり、かんじ、俺《ばー》、悪事《やなくとぅ》しぃーか、俺《ばぬ》されー　抜きどぅしぃ」であんくーがー、

「めー、うりん　みしゃん、しゃーだ　ちぃけんどぅ、めー、今日《きゆ》から先、めー俺《ばぬ》とぅや、絶対、友達《どぅしぃ》さんさぃけん、抜けーむーり」であん

「君を連れて、一緒に行って、俺とあれほど仲が良いので、誰にも聞かせない〈言わない〉で、一緒に片付けてくれと言いたいために俺は来たよ」と言ったら、

「はあ絶対にできない。これは君は大変なことをしてしまった。このことが知れたら、俺も金網〈牢獄〉に、警察に連れられて行くので、俺はもう絶対、君とは、今日から先はつきあわない。友達でもない。離れる」と、

言い、

言ったので、その人は、

「ああ、そうか。君はこれだけ俺が、言っても聞かない。ある時期には一緒に食べ、飲む時には飲んだり、このように（着物の）袖一つを抜く程の友達が、今、このように俺が悪いことをすると、俺と離れてしまうのだな」

と言ったら、

「もう、これでよいので、今後は、俺とは絶対に友達ではなく、離れてくれ」と言って、

ぎて、また帰り来、自分《どぅ》ぬ兄弟かい、毎日、ガバンパタンしめー、喧嘩《あい》る兄弟かい、「はー、兄弟、めー　起《う》けみーりみーり」と合図し、起《う》くし来《くー》。

「実《じち》えー、かんじる事《くとう》どぅやる。俺《ばなー》めー、今《なま》だめー、人人間《ぴぃとぅにんぎん》とぅして、人ゆ射《いー》りみしゃねんさんがどぅ、間違いし、猪射《うむざいー》るんけんや、人ば射《いー》り、置《ちぃ》けーる。くれーめー、君《わぬ》かいまでぃどぅ、兄弟かいまでどぅ、めー、あんかり。誰《たる》かいん、あんかるな、きーよー、一緒《まーずん》行き、俺《ばぬ》さーり、くれーめー、片付けー　ひやひゅーぬ」で、あんくんけんどぅ、兄弟ゆん、初めー、

「何《のー》ばしー、君《わー》、人《ぴとぅ》どぅ射《いー》り。うりや、珍《みじら》し事《くとぅ》さっかー」。初めー、恐怖《うばい》だそんが、

「あー、くれー、めー、仕方ならぬ。君《わー》、うんしゅくがら、めー、あんじる事《くとぅ》ゆ、しーちぃこーだ　しけんどぅ、あんかーめー、夜《ゆ》ぬ明《あ》くぬけんが、一緒《まーずん》行き、二人人《ふたーりぃぴとぅ》し　めー、うりゆ、めー、片付け。人《ぴとぅ》かい、見らろぬつくに。うりゆ、聞《しぃ》かーりしぃ　めー、大変《でーじ》　やだーしけん

帰って行き、自分の兄弟〈弟〉に、毎日、ガバンパタンと喧嘩している兄弟〈弟〉に、「ああ、兄弟〈弟〉よ、起きてみてみて」と合図して起こした。

「実は、こういうことだ。俺はもう、今となって、人間として人を射ってはいけないけれども、間違って、猪を射たところが人を射って放置してある。これはお前にしか、兄弟しか言えない。誰にも言えないのでね、一緒に行って俺とこれを片付けてさせてくれないか」と言うと、兄弟〈弟〉も、初めは

「どうして、あなたは人を射ったのか。これは一大事だ」。最初は怖がっていたが、

「ああ、これは、もう仕方がない。お前がこのようなことをしでかしたのであるから、それでは、夜の明けないうちに、一緒に行って、二人でこれを片付けよう。他人に見られないように。このことが知られたら、もう大変だから。

どぅ。でぃでぃ、一緒行ら《まーずんおー》」でんき、うぬ夜《ゆー》、なんがり、二人人《ふたーりぃぴとぅ》ぬ行き、現場かい、片付け。暗《ふぁふぁ》さだーりき、人《ぴとぅ》、撃《う》ちぇーる方《かた》かい、めー、行《はる》んけー、松明《たい》や明《あか》らして見んけんや、本当《ふんとー》に、めー、人《ぴとぅ》あらぬ、猪《うむざ》どぅやりぃ。山猪《やましし》どぅ撃《う》ちつけーる。

「さーてぃ、君《わー》、猪《うむざ》やりてどぅ、人《ぴとぅ》であんきる。君《わー》、虚言《ゆくしむに》どぅ、しーおーれれんらー」で、兄弟かい、あんくんけんや、

「あー、実《じち》やーよー、俺《ばなー》わーめー、君《わぬ》さーれー、毎日《まいにちぃ》めー、喧嘩《あい》、仲ぬ悪さーりき、君《わぬ》さーれー、命中《めちじゆう》、抜きどぅすか、まだ、平生《へいぜい》から、自分《どぅ》ぬ友達《どぅしぃ》ぬ美《かい》しゃりぃ、二人《ふたーりぃ》めー、あり、食《ふぁ》なん一つ《ぴぃてぃじぃ》　しーりき、彼《うり》さーりどぅか、めー命《めち》中《じゆう》、兄弟しどぅ行《はる》かー、まず、心《くくる》ゆ試《たみ》し見るん

　でんきどぅ、くぬめー、事《くとぅ》、仕組めだつけんどぅ、本当《ふんとー》めー、あんぐかー、兄弟やめー、いかしゅく喧嘩《あー》ばん、血《ちぃー》ぬ引くけん喧嘩《あー》ばん、めー、兄弟ぬ程《たちー》はねーぬでどぅ、俺《ばなー》は思《うむー》りだつけんどぅ、今日《きゆ》から先めー、立派に仲直りんしー

さあ、さあ一緒に行こう」と言って、この夜のうちに、二人で行き、現場へ片付けに。暗いので、人を射った方へ行き、松明を灯して見ると、本当に〈は〉、人ではなく、猪であった。山猪を仕留めてあった。

「何と、お前は、猪なのに人だと言っている。お前は嘘を話していたのだな」と、兄弟〈弟〉に、言うと、

「ああ実はね、俺は、お前と、毎日、喧嘩ばかりして仲が悪いので、お前と、生涯、離れるか、また常日頃は、自分の友達とは仲が良く、二人は食べ物も一つにしている（仲な）ので、彼を連れて、生涯、兄弟としてやって行くか、まず、心を試して見ようとして、このことを仕組んだので、本当は、言うならば、兄弟というものは、いくら喧嘩しても、血が出る程に喧嘩しても、兄弟程の関係はないと、私は思ったので、今日から後は、立派に仲直りして、

て、くぬ猪《うむざ》ゆん、持《む》ち行き、家なんがり、めー、祝いしめー、今《なま》から、先めー、立派に睦まさーしはらばー」で、あんく。

　うまんがーり、語《かた》らいて、家《やー》なんが、持《む》ちきーめー、祝い、しぃたな、しり。

「まずめー、昔人《むかしぃぴとぅ》ぬ、あんごれーる事《くとぅ》は、めー、『兄弟から吹き風や無《ねー》ぬ。また、兄弟しゃー、いかしゅく血ぬ引くけん、喧嘩《あー》ばん、めー、兄弟どぅなる』であんく、格言ゆん有《あ》そーら、君《わぬ》ん、うれ、知りどぅうる　やだつけんどぅ、今《なま》から先めー、立派に、睦まさーしり、めー、世《ゆ》の中、渡りはらー」で。

　うぬ、本人や、めー、兄弟かいん、助きられだー、でんぐぅ昔話でやる。


この猪を持って行き、お家でお祝いをして、今後、立派に睦ましくして行こう」と言う。

　その場で、語り合って、家に（猪を）持ち帰り、お祝いをした。

「まず、昔の人が言ったことは、『兄弟から吹き抜ける風はない。また兄弟は、どんなに血が流れる程の喧嘩をしても、兄弟はやはり兄弟である』という格言があるでしょう。お前も、それを知っているはずだから、今後は、立派に睦ましくして、世の中を渡って行こう」と。

　その本人〈兄〉は兄弟〈弟〉に助けられたという昔話である。

語り手　登野城　黒島善志

あとがき

昭和四十九年（一九七四）七月下旬、わたくしは大谷女子大学の岩瀬博氏、および沖縄国際大学の遠藤庄治氏とともども、次年度から開始する八重山地方の昔話採訪の予備調査に石垣市・竹富町に赴いた。それは主に両地域の教育委員会、および地元の研究者の皆さんに、その調査にご支援、ご協力をいただくことの折衝に費やされた。

翌昭和五十年（一九七五）八月上旬、わたくしどもは、立命館大学・大谷女子大学・沖縄国際大学の三大学の院生・学生を中心とする八重山諸島（石垣市・竹富町・与那国町）昔話合同調査団を結成、各教育委員会および地元の研究者の協力のもと、それぞれの地域における昔話の聴き取り調査を実施した。参加者は五十余名、六つの班に分かれての調査であった。およそ十日間、台風に遭遇して予定通りには進められなかったが、それでもそれぞれのシマの老人会のご協力のもと、一応の成果をあげることができた。翌五十一年（一九七六）八月上旬も、同じような体制で聴き取り調査を進めた。が、この折も、台風に襲われて、苦しめられた。

わたくしどもの聴き取り調査は、沖縄のシマクチを重んじて、まず語り手にシマクチで語っていただき、その上で再び共通語でいただくという、やや厄介な方法で進められた。そしてそれは、シマクチの語りによる昔話の報告書を作成することを目的とするものであった。しかしこの報告書の作成は至難の事業であった。それにもかかわらず、その後の補足調査の資料を加えた、シマクチ・共通語対訳の報告書がかろうじて公刊することができた。その一つが『与那国島の昔話』（昭和五十八年、同朋舎刊）である。それはわたくしどもの聴き取り調査の案内役をつとめられた地元の冨里康子さん（当時、町役場勤務で、与那国の生き字引的存在であった）と冨里さんの姪に当たる長浜洋子さん（当時、沖国大・口承文芸研究会の学生で、聴き取りの合同調査に参加）のお二人の協力によって、その公刊は果たされたのであった。もう一つは『小浜島・竹富島の昔話』（昭和五十九年、同出版社刊）である。これの昔話本文の翻字・対訳は、地元出身の狩俣恵一氏とその先輩の仲盛長秀・花城正美両氏によるもので、その苦労は並々ならぬものであった。

平成七年（一九九五）七月下旬、わたくしどもの奄美・沖縄民間文芸研究大会は、八重山文化研究会共催、石垣市教育員会後援のもとに、石垣市文化会館において開催された。その折にわたくしの指導する立命館大学説話文学研究会のメンバーは、石垣市の白保・大浜において、かつての語り手を訪ねて、昔話の聞き取り調査を試みた。二十年後の補足調査であったが、かつての古老たちの一部はいまだ健在であられ、伝承も絶えないままであったことは嬉しいことであった。が、すでに大分の語り手が、物故されていることは、やはり悔しいことであった。

わたくしは、右の補足調査の後に、畏敬する八重山文化協会の重鎮であられた石垣繁・石垣博孝両氏と相談し、シマクチの語りを中心とした昔話資料集の公刊を期待しながら、昭和五十年、五十一年の三大学合同調査のなかから、共通語で語られた昔話を選び、それによる報告書の公刊を決意したのである。これならば、シマクチに疎いわたくしどもでも、その公刊に主体的に参加することができる。勿論、それは、地元の研究者のご協力によって実現できるものである。共同研究の成果として公刊する。本シリーズ〈琉球の伝承文化を歩く〉の公刊は、右のような経緯のもとに出発したのである。

平成十一年（一九九九）、わたくしどもは『八重山・石垣島の伝説・昔話―大浜・宮良・白保―』を三弥井書店から刊行した。編者は、わたくしと平成七年の補足調査に参加した立命館大学説話文学研究会の村上美登志君（当時、国立舞鶴高専助教授）と大浜出身の山里純一氏（琉球大学教授）の三氏、挿画は石垣博孝氏（石垣市編集委員・八重山美術会長）が担当されている。次いで平成十五年（二〇〇三）、『西表島・黒島・波照間島の伝説・昔話』を公刊する。編者は、昭和五十年・五十一年の合同調査に主体的にかかわった丸山顕徳氏（花園大学教授）と、長年わたくしどもの昔話調査に協力されてきた八重山出身の狩俣恵一氏（沖縄国際大学教授）による。共同研究の成果と言える。

本書は、その第三冊目の公刊である。昭和五十年（一九七五）に収録されたテープ資料にもとづく昔話本文の翻字・原稿の作成は、平成七年（一九九五）の白保・大浜の補足調査に参加した藤井佐美君（当時、尾道短期大学非常勤講師、立命館大学博士課程在籍）が担当した。同君は、そのため再三にわたって、石垣島を訪れ、石垣繁・石垣博孝両氏の助言のもとに、それにあたった。また最終的には、山里純一氏の助言のもとに、その原稿は整備された。なおそれぞれの共編ものの分担は、凡例に示した通りである。本書もまた、共編者による共同研究の賜物と言えるものである。

思えば、本土と地元の研究者の共編は、並々ならぬ苦労を伴う。お互いに、歯がゆい思いを辛抱しながら、編集は進められた。本書の刊行は、当初の企画から二十年近くを経過して実現したものである。それゆえに、本書は、いささかの自信をもって、世に送り出すものである。

最後に、三大学合同調査以来、今日まで、ご指導とご協力をいただいた石垣市教育委員会の各位に、御礼を申し上げたい。またその折にご協力いただいた四箇の老人会の皆さん、特に語り手の方々に、謝意をお伝えするとともに、悔しくも物故された御魂《みたま》には、謹んで哀悼の意を捧げる次第である。

平成二十八年八月十五日

編集代表　福田　晃

編著者略歴

福田　晃（ふくだあきら）

1032年、福島県会津若松市に生まれる。国学院大学文学部卒業、同大学院博士課程修了。文学博士。現在、立命館大学名誉教授。

主な著書『南島説話の研究』（1992、法政大学出版局）、『神語り・昔語りの伝承世界』1997、第一書房）、『沖縄の伝承遺産を拓く』（2017、三弥井書店）

関連論文「八重山の昔話」（1981、東京・八重山文化研究会編『八重山文化』第8号）など。

山里純一（やまざとじゅんいち）

1951年、沖縄県石垣市に生まれる。琉球大学法文学部卒業、国学院大学大学院博士後期課程修了。博士（歴史学）。現在、琉球大学名誉教授、石垣市史編集委員。

主な著書『沖縄の魔除けとまじない』（1997、第一書房）、『呪符の文化史』（2004、三弥井書店、『古代の琉球弧と東アジア』（2012、吉川弘文館）、『沖縄のまじない』（2017、ボーダーインク）

関連論文　資料報告「八重山・大浜の昔話」（1997、『奄美沖縄民間文芸研究』第20号）、「琉球諸島の民話と星」（2014、『人間科学』第31号）など。

藤井佐美（ふじいさみ）

1967年、広島県尾道市に生まれる。尾道短期大学国文科卒業、立命館大学文学部卒業、同大学院博士課程修了。博士（文学）。現在、尾道市立大学准教授。

主な著書『真言系唱導説話の研究 --- 付・翻刻　仁和寺所蔵『真言宗打聞集』』（2008、三弥井書店）

関連論文　資料報告「石垣市白保・大浜の昔話」（1998、『奄美沖縄民間文芸研究』第21号）、「『人魚と津波』の伝承世界―南島の『物言う魚』をめぐって―」（2000、『奄美沖縄民間文芸学』第6号）、「石垣島の御嶽と説話―四箇の伝承事例を中心に―」（2012、『説話・伝承学』第20号）、「南島説話と祭祀の変容―神女・真乙姥をめぐる伝承―」（2012、『尾道市立大学日本文学論叢』第8号）など。

石垣　繁（いしがきしげる）

1937年、沖縄県石垣市に生まれる。日本大学通信教育部文理学部国文科卒業。八重山の小中高校教諭を経て、現在、石垣市史編集委員会（委員長）、八重山文化研究会会長。

主な著書『八重山諸島の稲作儀礼と民俗』（2017、南山舎）

関連論文「民話の系譜　パイパティロー説話の世界観」（1998、『八重山文化論集』第3号）など。

石垣博孝（いしがきひろたか）

1937年、沖縄県石垣市に生まれる。武蔵野美術学校西洋画科卒業。石垣市立八重山博物館学芸員、石垣市民会館館長、石垣市教育委員会文化課長を経て、現在、石垣市史編集委員、八重山美術会長。

主な著書「さとうきび」（1990、福音館書店）

主な画歴　個展（1960〜現在）、公募展（1982〜1985、春陽展）、グループ展（1962〜現在）

関連論文　「竹富島のユーンカイ（世迎え）」（1976、『八重山文化論集』）など。

八重山・石垣島の伝説・昔話(二)　琉球の伝承文化を歩く4

平成29年9月26日　初版第1刷発行

定価はカバーに表示してあります

著者　福田　晃
　　　山里純一
　　　藤井佐美
　　　石垣　繁
　　　石垣博孝

挿画　石垣博孝

発行者　吉田榮治

印刷所　藤原印刷㈱

発行所　㈱三弥井書店
〒108-0073 東京都港区三田3-2-39
電話 03-3452-8069 振替00190-8-21125

ISBN978-4-8382-4085-2　C1039